曜阳养老品牌及标识

自 1999 年以来，中国红十字会总会事业发展中心（以下简称“中心”）秉承“人道、博爱、奉献”的红十字精神，主动发挥社会组织优势，积极探索公益服务与市场化运作相结合的新型社会养老服务模式，着力打造了“曜阳养老”公益品牌。

一、品牌理念

“三心”理念，即大力弘扬红十字精神，通过曜阳人的奉献爱心，让老人家属放心，让接受服务的老人开心。

二、品牌特色

以人文关怀为主要特色，强调以人为本，通过科学化、规范化和人性化的服务，不断满足老年人的多层次多样化养老服务需求。

三、品牌商标

中心已向国家知识产权局商标局申请注册“曜阳”商标，“曜阳”商标及相关权利受到国家相关法律的保护。

四、品牌标识

曜阳养老品牌标识由文字、图形、色彩等要素组合构成。

（一）文字：曜阳。

（二）图形：整体为“双手向上托起寿桃”，寓意幸福、健康、长寿。双手似两片绿叶，既是衬托，也有保护、托起之意。寿桃整体呈一颗向上的心形，代表曜阳人“奉献爱心、家人放心、老人开心”的服务理念。寿桃中阴刻和阳刻的两张寿星笑脸，微笑着面向大家，暗喻对曜阳人服务的满意。双手托起的寿桃好似一轮冉冉升起的曜日，预示着无限的美好未来。

（三）色彩：由红、黄、绿、白四色组合而成，双手为绿色，寿桃底部为黄色、顶部为红色，寿桃中间的两张寿星笑脸分别是白脸红发的老奶奶和红脸白胡子的老爷爷，笑脸轮廓由白线条勾勒，五官由红、白线条勾勒。

曜阳养老品牌标识

曜阳养老服务工作体系

自1999年以来，中心秉承“人道、博爱、奉献”的红十字精神，主动发挥社会组织优势，积极探索公益服务与市场化运作相结合的新型社会养老服务模式，着力打造了以人文关怀和医养结合为特色的“曜阳养老”服务品牌，逐步形成了包括兴建曜阳养老机构、开展曜阳关爱行动、构建曜阳支持体系为主要内容的曜阳养老服务工作体系。

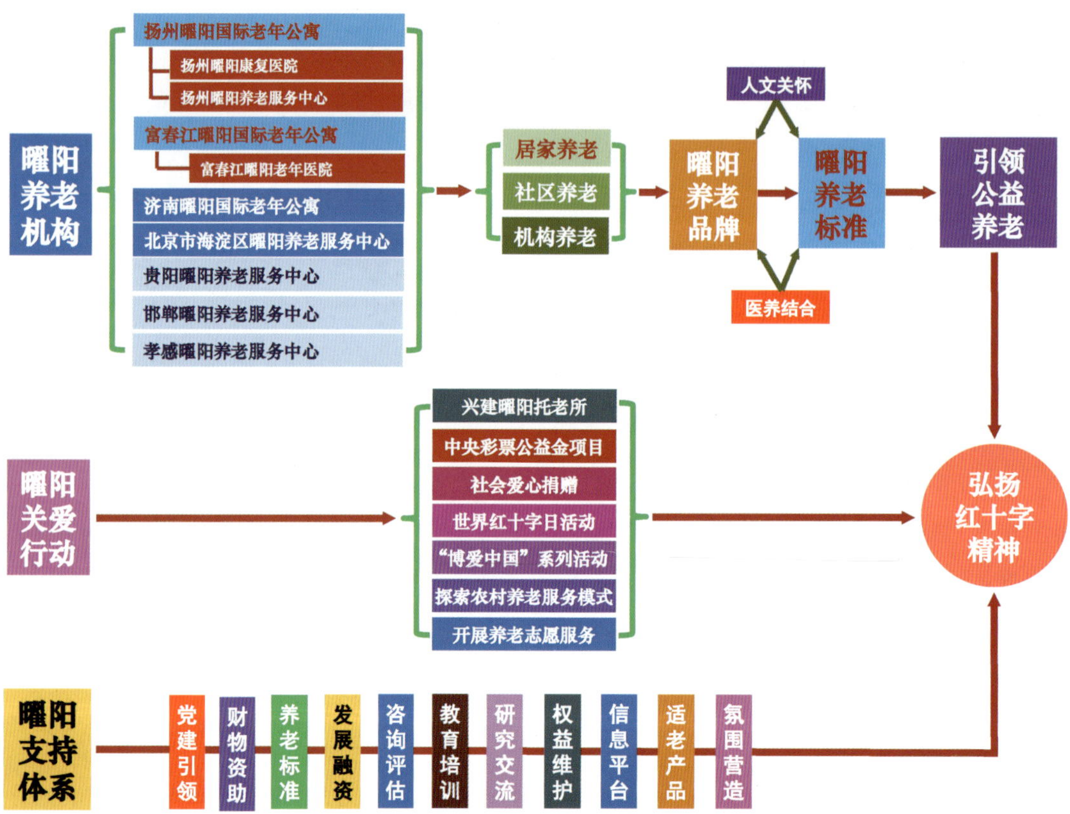

曜阳养老服务工作体系示意图

曜阳养老机构

扬州曜阳国际老年公寓：中心兴办的首家曜阳养老品牌旗舰店，2009 年建成并投入使用，现有床位 1 700 张，包括自理型公寓、养老护理院和康复医院等三大功能区域，凸显人文关怀和医养结合特色，形成了全程照护养老服务模式，入选“2018 年中国医养结合（养老）机构 50 强”，已通过“省级养老机构标准化试点单位”验收。

扬州曜阳国际老年公寓外景

富春江曜阳国际老年公寓：中心兴办的第二家曜阳养老品牌旗舰店，2013 年建成并投入使用，总床位数 1 000 张，包括自理型公寓、老年护理院和老年医院三大功能区域，凸显人文关怀和医养结合特色，已形成全程照护养老服务模式。2018 年被评为杭州市四星级养老机构。

富春江曜阳国际老年公寓外景

济南曜阳国际老年公寓：中心兴办的第三家曜阳养老示范机构，2014 年建成并投入使用，开放床位 120 张，以失能半失能老人、失智老人、高龄独居老人为主要收住对象，被评为济南市“四星级养老机构”“十佳养老机构”。

济南曜阳国际老年公寓的老人们与济南槐荫区拔萃幼儿园的孩子们一起过重阳节

北京市海淀区曜阳养老服务中心：是中心以公建民营的形式管理运营的公立养老机构，开放床位 150 张，2018 年开始运营，以失能半失能老人、高龄独居老人和政府重点保障老人为服务对象，同时为周边社区提供居家社区养老服务。

北京市海淀区曜阳养老服务中心外景

此外，中心还与企业合作，兴办了贵阳曜阳养老服务中心、邯郸曜阳养老服务中心和孝感曜阳养老服务中心。

曜阳关爱行动

中心在各曜阳托老所举办捐赠仪式

1. 兴建“曜阳托老所”：2012—2013 年，中心在中西部欠发达地区资助建设了曜阳托老所 70 余家，改善了近 1 000 名贫困失能老人在养老机构的生活条件。

2. 实施中央彩票公益金项目：2014 年起，中心组织实施了“中央专项彩票公益金支持失能老人养老服务项目”，合计利用资金 1.53 亿元，支持全国 739 家养老机构，直接惠及贫困失能老人约 10 万人。

中心在广东省举办“中央专项彩票公益金支持失能老人养老服务项目”资助物资发放仪式

中心主任江丹同志在“当你老了”公益平台启动仪式上为志愿者授旗

3. 广泛募集社会爱心捐赠：截至 2018 年年底，中心累计募集善款物资总价值 3 000 余万元，先后支持中西部地区养老机构 100 余家，累计惠及贫困老人和失能老人近万人。中心启动了“当你老了”公益平台，资助革命老区 47 名贫困失能老人，资助金额 94.4 万元。

4. 举办“博爱中国”系列活动：中心组建了博爱艺术团，组织著名艺术家和知名歌手，以志愿服务形式开展公益文化演出，为当地老年人送去高水平的精神文化食粮。

中心在厦门举行“博爱中国·情暖夕阳”公益晚会

5. 探索农村养老服务模式：自 2018 年起，中心尝试在湖北省英山县、河北省正定县、江西省兴国县等地探索开展农村养老服务。

江丹同志赴湖北省英山县入户慰问老军人家属

曜阳支持平台

1. 开展曜阳养老系列培训：中心先后组织举办了 10 期曜阳养老院长培训班和 10 期曜阳养老护理员培训班，全国 1 500 多名养老院长和 1 200 余名养老护理员参加了培训。

2016 年曜阳养老院长培训班

2017 年曜阳养老院长培训班

2016 年曜阳养老护理员培训班

2. 举办“中国养老服务业发展高层论坛”：中心与中国社会保障学会合作，连续四年举办“中国养老服务业发展高层论坛”，领导嘉宾、专家学者、养老机构负责人和企业代表累计 2 000 余人次参加了论坛。

第四届中国养老服务业发展高层论坛在扬州市举行

3. 多渠道搭建养老服务交流平台：中心先后举办了“2016 年曜阳养老论坛”“2016 年中国‘互联网 +’养老论坛”，协助举办了“2017 年健康中国建设学术研讨会”“2019 年中国社会保障学术大会”等研究交流活动，为养老院长提供了解相关政策、开展业务交流的机会。

2016 年中国“互联网 +”养老论坛

曜阳支持平台

“曜阳互联网养老院”项目启动仪式

4. 搭建养老机构信息发展平台：2019 年，中心与微医集团联合成立了“曜阳互联网养老院”，并为 1 000 家养老机构提供信息软件系统和 2 年的免费使用权。

2019 年 1 月 2 日，CCTV-12 播出了“守护夕阳——养老护理职业荣耀盛典”节目

5. 助力养老护理员队伍建设：2018 年，中心与 CCTV-12 频道合作举办了“职业盛典——养老护理员榜样人物事迹展播及颁奖活动”，并在 CCTV 和央视网、央广网、夕阳红微信公众号和今日头条等网络媒体播出，极大地提升了养老护理员的社会地位和职业荣誉感。

曜阳养老志愿者宣誓

6. 大力开展曜阳养老志愿服务：2019 年，中心选定 6 个试点城市和 28 家养老机构，广泛开展曜阳养老志愿服务活动，并联合 CCTV-12 频道，开展全国优秀志愿者事迹展播活动。

曜阳社会影响

人民日报等国家级媒体，先后刊登了反映曜阳养老进展和中心研究成果的署名文章 10 余篇，中央电视台对曜阳养老进行了多次专题采访。

1. 发表署名文章

（1）江丹，《坚持公益性服务和市场化运作相结合——“曜阳”养老事业发展的实践与探索》，人民日报，2013 年 11 月 17 日第 5 版。

（2）江丹，《应对人口老龄化“六策”》，学习时报，2015 年 12 月 31 日 A5 版（社会治理）。

（3）江丹，《治理之道：打造养老服务新模式》，人民日报，2016 年 1 月 19 日第 10 版。

（4）江丹等，《探索社会组织参与养老服务的新路径》，人民日报，2017 年 7 月 26 日第 7 版。

新闻·综合03

以红十字精神助力新时代教育事业

探索社会组织参与养老服务的新路径

社会治理

应对人口老龄化“六策”

优化养老服务供给须化解结构性失衡

抓住发展新机遇

以新时代中国特色社会主义思想为指引 开创养老服务工作新局面

发表署名文章情况

（5）江丹等，《优化养老服务供给须化解结构性失衡》，学习时报，2017 年 6 月 10 日。

2. 接受电视媒体采访

（1）2014 年，中央电视台邀请中心主任江丹参加了“CCTV 慈善之夜”晚会，并先后两次对江丹主任和中共中央党校教授青连斌，就“曜阳关爱行动”实施情况、社会组织参与养老进行了专题访谈。

（2）2015 年 3 月，中央电视台对扬州曜阳保姆居家服务进行采访，并邀请中心主任江丹和相关专家做客央视直播间，介绍中心居家养老工作，解析国内居家养老服务面临的问题和解决办法。

（3）中央电视台《夕阳红》栏目多次联合中心，共同制作“爱耳日”“爱眼日”等专题节目。

中心主任江丹同志参加中央电视台《夕阳花》节目录制

曜阳研究成果

第七章 曜阳养老服务体系建设的探索

《求解中国养老难题》书中第七章重点介绍了曜阳养老工作

1. 纳入国家级课题研究：2014 年，中共中央党校青连斌教授主持的国家社科基金项目课题“我国社会养老服务体系建设面临的主要问题及政策配套体系研究”，将“曜阳养老服务”作为社会组织参与养老服务体系建设的典型案例，进行了专门研究并形成了相应的研究成果。

中共中央党校外景

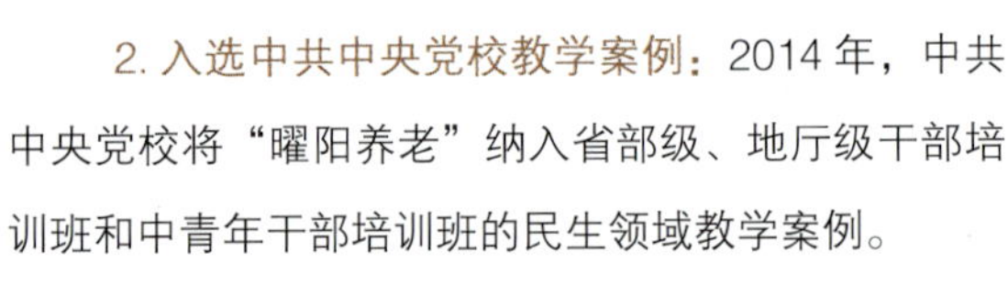
2. 入选中共中央党校教学案例：2014 年，中共中央党校将“曜阳养老”纳入省部级、地厅级干部培训班和中青年干部培训班的民生领域教学案例。

“曜阳养老护理员培训指导”丛书

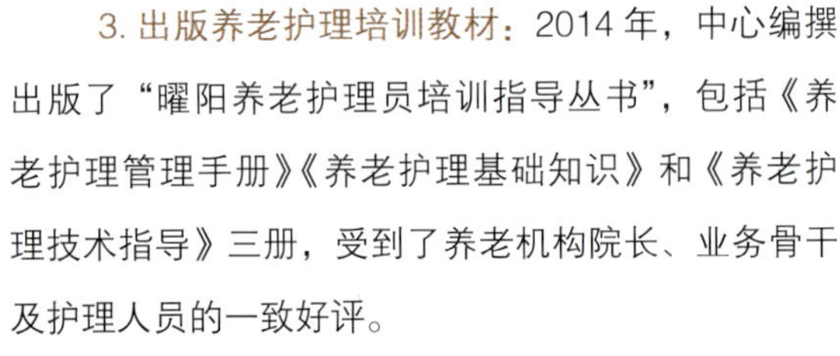
3. 出版养老护理培训教材：2014 年，中心编撰出版了“曜阳养老护理员培训指导丛书”，包括《养老护理管理手册》《养老护理基础知识》和《养老护理技术指导》三册，受到了养老机构院长、业务骨干及护理人员的一致好评。

“曜阳养老人文关怀的探索与实践”系列丛书

4. 出版曜阳养老专题丛书：2018 年，中心编撰出版了“曜阳养老人文关怀的探索与实践系列丛书”，一套三册。这是国内第一部从人文关怀视角总结提炼养老服务工作经验的书籍，得到了有关领导、业界专家和养老同行的高度肯定。

曜阳养老机构指导丛书 第二分册

中国红十字会总会事业发展中心
中国社会保障学会 联合主编

曜阳养老机构服务规范

中国劳动社会保障出版社

图书在版编目(CIP)数据

曜阳养老机构服务规范/中国红十字会总会事业发展中心，中国社会保障学会联合主编. -- 北京：中国劳动社会保障出版社，2019.10

(曜阳养老机构指导丛书)

ISBN 978-7-5167-4218-1

Ⅰ.①曜…　Ⅱ.①中…②中…　Ⅲ.①养老院-社会服务-规范-中国　Ⅳ.①D669.6-65

中国版本图书馆 CIP 数据核字(2019)第 206827 号

中国劳动社会保障出版社出版发行

(北京市惠新东街 1 号　邮政编码：100029)

*

保定市中画美凯印刷有限公司印刷装订　　新华书店经销

787 毫米×1092 毫米　16 开本　10.5 印张　0.5 印张彩插　163 千字

2019 年 10 月第 1 版　　2019 年 10 月第 1 次印刷

定价：35.00 元

读者服务部电话：(010) 64929211/84209101/64921644

营销中心电话：(010) 64962347

出版社网址：http://www.class.com.cn

曜阳养老机构指导丛书

编　委　会

主　编

郑功成　中国社会保障学会会长、中国人民大学教授

江　丹　中国红十字会总会事业发展中心主任

副主编

青连斌　中共中央党校教授

谢　红　北京大学护理学院副教授

魏　国　中国红十字会总会事业发展中心副主任

郭　林　华中科技大学社会学院副教授

任　娜　民政部社会福利中心主任科员

《曜阳养老机构建设与管理指南》编委

郭　林　华中科技大学社会学院副教授

谢　红　北京大学护理学院副教授

任　娜　民政部社会福利中心主任科员

蔡泽昊　中国劳动关系学院助理研究员

魏　国　中国红十字会总会事业发展中心副主任

郑舒文　中国人民大学社会保障专业博士研究生

《曜阳养老机构服务规范》编委

魏　国　中国红十字会总会事业发展中心副主任

谢　红　北京大学护理学院副教授

曲夕彦　济南曜阳国际老年公寓院长

孟庆莲　济南曜阳国际老年公寓副院长

李　彤　中国红十字会总会事业发展中心老龄事业部副部长、扬州曜阳国际老年公寓院长

亓　文　中国红十字会总会事业发展中心老龄事业部主任科员

《曜阳养老机构员工手册》编委

石　琤　香港大学博士后研究员

魏　国　中国红十字会总会事业发展中心副主任

谢　红　北京大学护理学院副教授

亓　文　中国红十字会总会事业发展中心老龄事业部主任科员

丛书前言

江　丹
（中国红十字会总会事业发展中心主任）

一

2000年，我国正式进入人口老龄化社会。截止到2018年年底，我国共有60周岁及以上老年人2.49亿人，占人口总数的17.9%。党中央高度重视应对人口老龄化工作。习近平总书记指出，要坚持党委领导、政府主导、社会参与、全民行动相结合，坚持应对人口老龄化和促进经济社会发展相结合，坚持满足老年人需求和解决人口老龄化问题相结合，努力挖掘人口老龄化给国家发展带来的活力和机遇，努力满足老年人日益增长的物质文化需求，推动老龄事业全面协调可持续发展。

中国红十字会是党和政府在人道领域联系群众的桥梁和纽带。自成立以来，中国红十字会始终弘扬“人道、博爱、奉献”的红十字精神，向最易受损群体提供灾害救援、应急救护和人道救助等公益服务，组织开展捐献血液、捐献造血干细胞、捐献人体器官组织等公益工作。近年来，随着我国人口老龄化形势的迅猛发展，中国红十字会主动协助党和政府积极有效地应对人口老龄化，动员全系统参与养老服务工作，在养老护理技能培训、养老志愿服务、兴办公益养老机构、救助困难老年人等方面开展了大量的工作，取得了突出的成绩，不仅探索了新时代中国红十字会的发展道路，而且彰显了红十字会在参与社会治理、增进民生福祉中的独特作用。

中国红十字会总会事业发展中心（以下简称中心）是中国红十字会总会直属事业单位，长期致力于公益养老、教育助学、扶贫济困、文化宣传等公益事业，开展了一系列工作，打造了“曜阳养老”“拔萃教育”“博爱中国”三个品牌。在公益养老服务领域，中心结合红十字组织的性质和优势，探索公益性服务与市场化运作相结合的新型社会养老服务模式，不断强化“曜阳养老”公益品牌的人文关怀和医养结合特色，逐步形成了以建设曜阳养老机构、开展曜阳关爱行动、构建曜阳养老支持平台为主要内容的曜阳养老服务工作体系。经过 20 年的努力和探索，曜阳养老的服务内容不断拓展，社会影响越来越广，中心由公益养老服务的实践者逐渐成长为公益养老服务的引领者。

二

从 2014 年起，中心通过建设“曜阳托老所”、组织实施中央彩票公益金项目、广泛募集社会爱心款物等形式，为近 1 000 家养老机构提供了直接的支持帮助，并与全国近 5 000 家养老机构建立起了工作联系。为了充分发挥红十字会的枢纽型社会组织作用，支持广大养老机构的建设和发展，中心构建了曜阳养老支持平台，为养老机构陆续提供了物资资助、人才培养、研究交流、信息技术、文化传播等支持性服务，受到了广大养老机构的一致好评。

在与广大养老机构联系合作的过程中，中心发现，我国养老机构特别是民办养老机构，普遍存在管理水平不高、服务质量偏低等突出问题。造成这些问题的主要原因之一，在于养老机构的建设者、管理者和服务人员对养老服务的标准和规范，理解认识不到位、操作执行不到位，亟须进一步加大对养老机构管理和服务人员的系统培训和有效指导。

基于上述认识，中心联合中国社会保障学会等专业组织，认真研究养老服务的有关国家标准、规范和要求，梳理了广大养老机构在建设、管理与服务等方面必须遵循的最基本和最起码的工作要求，形成了“曜阳养老机构标准”。在此基础上，共同编撰了“曜阳养老机构指导丛书”，并融入了中心所属曜阳养老机构的有益经验和特色做法，以期为广大养老机构提供管理和服务的工作指导，不断提升其管理水平和服务质量。

三

“曜阳养老机构指导丛书”一套共三册，主要包括建设与管理、养老服务、员工管理三个方面的主题。

第一分册为《曜阳养老机构建设与管理指南》，以养老机构负责人，从事管理、建设和保障的工作人员为主要阅读对象，包括三大部分。第一部分，简要列举了养老机构规划建设和经营发展的主要思路。第二部分，涉及机构建设和装修，包括机构建设总体原则、建筑设计基本要求、装饰装修要求、空间和设施设备配置要求等内容。第三部分，包括行政管理、人事管理、财务与资产管理、后勤管理、日常安全与院内感染管理、党群工作与文化建设等具体内容。

第二分册为《曜阳养老机构服务规范》，以养老机构分管服务工作负责人、护理部负责人和从事护理及相关服务的工作人员为主要阅读对象，共包括出入院服务、生活照料、医疗护理、医疗康复、文化娱乐、心理精神支持、安宁服务、风险防范与应急处理等内容。

第三分册为《曜阳养老机构员工手册》，以口袋书的形式，涵盖了曜阳养老品牌、员工岗位职责要求，以及岗位应知应会等内容，以从事护理服务的工作人员为主要阅读对象。

四

“曜阳养老机构指导丛书”吸收了中心举办的扬州曜阳国际老年公寓、富春江曜阳国际老年公寓、济南曜阳国际老年公寓和北京市海淀区曜阳养老服务中心在建设、管理和服务过程中形成的有益经验。与 2014 年中心组织编撰出版的“曜阳养老护理员培训指导丛书”（一套三册）相比，本次编撰的培训丛书具有如下三个特点：

一是内容更加全面。2014 版丛书，全部内容都聚焦于养老护理上面。而 2019 版丛书，不仅涵盖了养老护理（包括生活照料和医疗护理）的有关内容，而且加入了出入养老机构、医疗康复、文化娱乐与心理精神支持、志愿服务与社会工作、安宁服务以及风险防范与应急处理等重要内容。同时，将养老机构的建设标准、日常管理和员工管理等重要内容纳入其中，培训丛书的内容更加丰富，能够满足建设者、管理者和服务人员的需要，也更加便于养老机构相关人员学习和使用。

二是依据更加科学。2019 版丛书，主要依据国家市场监督管理总局和国家标准委最新发布的《养老机构服务基本规范》(GB/T 35796—2017)、《养老机构等级划分与评定》(GB/T 37276—2018)等相关标准，同时贯彻落实民政部等《关于开展养老院服务质量建设专项行动的通知》(民发〔2017〕51号)、民政部等《关于做好2019年养老院服务质量建设专项行动工作的通知》(民发〔2019〕52号)等文件的最新要求。

三是特色更加突出。人文关怀是“曜阳养老”公益品牌最突出的特色。在编撰2019版指导丛书的过程中，中心特别注意将人文关怀的理念体现在建设、管理保障及服务的诸多方面，如在机构建设方面，中心提出要坚持安全环保、适老助老、经济适用等基本原则；在管理保障方面，中心提出人文关怀不仅要覆盖入住老年人，还要覆盖服务人员；在服务方面，中心提出不仅要满足老年人在物质生活、医疗健康等方面的基本需要，还要尽力满足老年人在精神文化、自我实现等方面的高层次需求；等等。

提升广大养老机构的能力水平和服务质量，不是一蹴而就的事情，而是一个螺旋式上升的过程。2019版指导丛书所列明的主要内容，只是当前我国养老服务机构质量管理标准的最基本和最起码的要求。希望通过3年左右的努力，广大养老机构在中心和中国社会保障学会的指导以及帮助下，都能够达到这些要求。届时，中心和中国社会保障学会将进一步梳理国家有关标准和规范，形成更高层次的曜阳养老机构标准和规范，帮助广大养老机构持续提升管理能力和服务质量。

五

制定曜阳养老标准、编撰指导丛书等工作，得到了中国社会保障学会的大力支持。全国人大常委会委员、中国社会保障学会会长、中国人民大学教授郑功成老师在百忙之中带领相关团队成员，组织开展了梳理国家相关标准、制定曜阳养老标准和编写指导丛书的工作，提出了很多专业性和建设性的意见，使相关工作得以高质量地进行。北京大学护理学院谢红副教授全程参与了标准梳理和丛书编撰工作，付出了大量的辛苦努力。首都医科大学附属北京康复医院(北京康复医学院)郄淑燕副教授、北京师范大学心理学院王大华教授等提供了专业指导意见，提升了相关内容的科学性和规范性。在此，对各位专家学者的支持和帮助表示衷心感谢！

我们也清醒地看到，面对我国人口老龄化的严峻形势，我们的探索还是初步的，梳理的标准和编撰的丛书还存在不周全、不完善的地方。我们衷心地希望广大养老机构的负责人和工作人员，养老服务及相关领域的专家学者和工作同行，及时地提出批评完善的意见建议。

《国务院办公厅关于推进养老服务发展的意见》（国办发〔2019〕5 号）指出，“要健全党委领导、政府主导、部门负责、社会参与的养老服务工作机制”。养老服务工作是一项系统工程，必须动员和调动各方面力量，统筹协调，各司其职，形成合力。中心愿意同包括中国社会保障学会在内的广大社会组织和养老同仁一道，紧密团结在以习近平同志为核心的党中央周围，坚持以习近平新时代中国特色社会主义思想为指导，主动作为、攻坚克难、开拓创新，为新时代中国红十字事业和养老服务事业继续不懈努力，为全面建成小康社会、实现中华民族伟大复兴做出应有的贡献，用扎实有效的工作庆祝新中国成立 70 周年！

2019 年 8 月于北京

分册前言

目前，广大养老机构对养老服务相关标准和规范还存在理解认识不到位、操作执行不到位等突出问题，急需得到更加有针对性的培训和指导。对此，中国红十字会总会事业发展中心联合中国社会保障学会，对《养老机构服务质量基本规范》（GB/T 35796—2017）、《养老机构等级划分与评定》（GB/T 37276—2018）和其他相关标准和规范，以及民政部等《关于开展养老院服务质量建设专项行动的通知》（民发〔2017〕51号）、民政部等《关于做好2019年养老院服务质量建设专项行动工作的通知》（民发〔2019〕52号）等文件精神进行了系统梳理，形成了养老机构在服务方面必须遵循的最基本要求，即“曜阳养老机构服务标准”。

在此基础上，中心与中国社会保障学会一道，将高度精练的国家标准和规范内容，转化为通俗易懂的、可供养老机构直接使用的工作建议、制度文件和工作模板，同时融入了中心所属曜阳养老机构的有益经验和特色做法，编撰了“曜阳养老机构指导”丛书第二分册——《曜阳养老机构服务规范》。希望通过本书，广大养老机构能够更加容易地理解、执行机构养老服务的相关标准、规范和要求，不断提高服务水平和服务质量。

本书共分八章，其中：

第一章“出入院服务（入住退住流程）”，按照入住养老机构的基本程序和离院流程，重点介绍了老年人能力评估及入住养老机构的服务流程及相关服务内容。

第二章“生活照料服务”，分别列出了26项生活照料服务基本技术流程，说明了环境控制及辅具使用的相关要求。

第三章“医疗护理服务”，分别列出了18项医疗护理服务基本技术流程，介绍了失智老年人一般护理流程及异常行为护理，明确了护理服务工作制度及质量考核办法。

第四章“医疗与康复服务”，阐述了养老机构经常涉及的医疗服务，列举了便于养老护理员操作的康复训练方法。

第五章“文化娱乐服务”，在明确基本要求后，介绍了日常游戏类活动的基本组织流程和方法，明确了开展文化娱乐活动的基本要素。

第六章“心理精神支持”，介绍了环境适应、亲情关怀、常见心理问题及应对、失智老人心理照护的常用方法，简单介绍了社会工作基本规范和老年人个案工作、小组工作的流程与规范，并对养老机构志愿服务工作提供了指导方案，包括管理院外养老志愿服务，探索组织低龄健康老人等开展志愿服务工作等。

第七章“安宁服务”，主要从临终关怀服务、哀伤的应对、后事指导与处理等三个方面，讲解了对临终老年人及其家属的支持与关怀。

第八章“风险防范与应急处理”，说明了风险防范与应急处理的总体要求，介绍了养老服务过程中主要意外情况的应急处理办法。

养老机构的膳食供应、清洁卫生、洗涤等服务项目，归入后勤管理与服务，在丛书第一分册《曜阳养老机构建设与管理指南》里进行介绍和阐述。

在编撰的过程中，中国社会保障学会会长、中国人民大学郑功成教授，北京大学护理学院谢红副教授，给予了精心的指导和帮助。首都医科大学北京康复医学院郄淑燕副教授、北京市朝阳区第二社会福利中心王淑一副主任等，对相关内容提出了宝贵的修改意见，在此，对各位专家学者表示诚挚的谢意。

由于我们水平有限，难免有错误和疏漏之处，敬请各位指正。

2019 年 8 月

于北京

目　　录

第一章 出入院服务（入住退住流程）

《养老机构服务质量基本规范》的相关内容

（GB/T 35796—2017）

5 服务项目与质量要求

5.1 出入院服务

5.1.1 服务内容

出入院服务内容包括但不限于：入院评估、入院手续办理、出院手续办理。

5.1.2 服务要求

5.1.2.1 应建立老年人入院评估制度，评估内容包括但不限于：老年人生理心理状况、服务需求。

5.1.2.2 老年人入院评估结果应经老年人或相关第三方认可，并作为提供相应服务的依据。

5.1.2.3 应采集相关第三方基本信息。

5.1.2.4 老年人确认入住后，养老机构应与老年人及相关第三方签署服务合同，服务合同内容包括但不限于：权利义务、服务内容、服务标准、收费标准、合同的变更与解除。

5.1.2.5 特困人员入住应按规定办理接收手续。

5.1.2.6 协助老年人及相关第三方办理入院手续。

5.1.2.7 老年人终止服务、出院，养老机构应通知相关第三方，协助老年人及相关第三方办理出院手续。

养老机构接收老年人入住，一般应遵循以下基本程序：

1. 提供咨询服务和参观接待，了解核实老年人的入住愿望。

2. 开展家庭访问，了解老年人经济状况和亲情关系情况。

3. 开展老年人能力评估，必要时开展专项能力评估。

4. 初步确定照护等级及照护内容。

5. 签订入住协议，明确试住期限及相关事项。

6. 开展试住，帮助老年人适应养老机构环境。

7. 试住期间，对老年人进行二次评估或专项评估。

8. 根据二次评估或专项评估结果，对适合养老机构收住条件的老年人，确认照护等级及照护内容，完善个性化养老服务计划，签订补充协议，纳入长期入住范围进行管理和服务；对不适合收住条件的老年人，应劝退并办理退住手续。

9. 对长期入住的老年人，应根据情况开展定期或即刻评估。对能力状况发生变化的老年人，要及时调整照护等级及照护方案。

一、接待咨询服务

养老机构接到老年人本人或其配偶、子女等的咨询后，为了让咨询者在短时间内全面了解养老机构，应向电话咨询或来访者介绍养老机构基本情况，带领参观养老机构，回答问题并做好接待记录。

（一）介绍养老机构基本情况

1. 养老机构的地理位置，交通便利条件，周边配套情况，建筑面积，功能分区，设施设备，床位数以及主要服务对象等基本情况。

2. 养老机构的养老服务团队。如：经验丰富的养老管理队伍，专业养老护理队伍，人性化的养老服务理念等。

3. 养老机构的养老服务项目。如：面向不同需求、不同层次的老年人群体，开展生活照料、医疗护理、康复保健、娱乐休闲等多元化的养老服务。

4. 科学合理的膳食安排。如：根据老年人的身体状况及膳食结构，提供科学、营养的“三餐三茶”膳食服务。

5. 优越的居住环境。如：按照老年人的生理及心理特点，依据适老化要求进行装修和配置设施设备，为老年人提供了优雅、舒适的居住环境。

（二）引导参观养老机构

1. 统一设计养老机构参观流程和解说词。

2. 安排专门工作人员引导、解说，并提前进行相应的岗位培训。

3. 引导来访者参观并讲解养老机构的整体布局、各分区功能、老年人房间布置等情况。

（三）回答问题并做好接待记录

1. 在回答咨询问题的过程中，注意观察和了解老年人的自理情况，老年人退休前的工作情况、家庭生活以及经济情况，做到心中有数。

2. 耐心回答来访者提出的问题。如：开业时间，入住老年人数量，日常就医方式，费用收取情况，具体服务项目及内容等。

二、进行家庭访问

在老年人入住养老机构前，养老机构必须通过开展家庭访问（具体模板见表 1—1），提前了解有关情况，尽最大可能防范出现子女及亲属长期不到养老机构探视老年人，甚至拖欠老年人的服务费用等情况。有些情况，如面对面交流不易了解到，可以采用侧面了解的办法，如与居委会人员沟通、邻居交流等。建议需要老年人所有子女在家访记录表上对意向性意定监护人进行签字确认，或者向养老机构提供老年人或子女们对意向性意定监护人的授权书。

表 1—1　　老年人家庭访问记录表

姓名		性别		出生年月	
文化程度		政治面貌		民族	
婚姻状况		身份证号码			
原工作单位				职务（职称）	
家庭住址				联系电话	
居住情况	□独居　□与配偶同住　□与子女同住　□与孙辈同住				
兴趣爱好	□棋牌　□戏曲　□舞蹈　□唱歌　□乐器　□阅览　□聊天				
宗教信仰	□无神论　□佛教　□基督教　□其他（说明）				
健身内容	□散步　□打拳　□保健操　□球类　□健身器　□其他				
经济状况	本人退休金　　　元；其他收入（说明）　　　元。				
	□养老费由本人承担　□养老费由本人和子女共同承担 □养老费由子女承担　□其他（说明）				
	家庭对老年人进养老机构月经济承受能力在　　　元以内。				
医疗享受类别	□市医保　□省医保　□公费　□统筹 □自费　□其他				
家庭主要成员	姓名	性别	与老年人关系	家庭住址或工作单位	联系电话
入住原因	□生活自理有困难　□子女工作忙，无时间照顾 □家庭住房困难　□生活能自理，家中寂寞 □其他原因（说明）				
既往病史	□心血管系统　□消化系统　□呼吸系统　□泌尿系统 □神经系统　□恶性肿瘤　□其他原因（说明）				
行为能力	□生活完全能自理　□生活自理有点困难　□生活需要全护理				
自理能力	□穿衣　□起床　□进餐　□上厕所 □洗澡　□家务　□购物				
床位选择	□单人间　□双人间　□三人间　□多人间				
有否特殊要求					
第一意向性意定监护人	姓名		与老年人关系		
	身份证号码				
	家庭地址				
	手机号		微信号		
	工作单位		职务		
	填表登记日期	年　月　日			

续表

<table>
<tr><td rowspan="6">第二意向性意定监护人</td><td>姓名</td><td></td><td>与老年人关系</td><td></td></tr>
<tr><td>身份证号码</td><td colspan="3"></td></tr>
<tr><td>家庭地址</td><td colspan="3"></td></tr>
<tr><td>手机号</td><td></td><td>微信号</td><td></td></tr>
<tr><td>工作单位</td><td></td><td>职务</td><td></td></tr>
<tr><td>填表登记日期</td><td colspan="3">年　　月　　日</td></tr>
<tr><td rowspan="3">初步意见</td><td colspan="4">□建议安排入住　　□不建议安排入住</td></tr>
<tr><td colspan="4">建议照护等级：　□自理　□介助　□介护　□全护　□特护</td></tr>
<tr><td colspan="4">初定入住机构时间：　　年　　月　　日</td></tr>
<tr><td colspan="3">家访人（1）签名：
年　月　日</td><td colspan="2">家访人（2）签名：
年　月　日</td></tr>
</table>

（一）家庭访问主要了解内容

包括但不限于以下内容：

1. 老年人的身体健康和自理情况。
2. 老年人与子女亲属的亲情关系与亲密程度。
3. 老年人及子女的家庭经济状况。

（二）家庭访问结果及处理

在家庭访问后，家访人员能够确定推荐意见的，要提出明确的推荐意见。不能确定推荐意见的，建议养老机构做进一步了解。明确不宜接收的，要由养老机构专门人员向老年人及家属及时进行反馈。

三、开展老年人能力评估

对家访人推荐安排入住的老年人，养老机构应安排接受过培训的评估人员（养老机构专业医护人员等具有相关资质的人员或委托具有相关资质的第三方机构），根据民政部发布的国家标准《老年人能力评估》（MZ/T 039—2013）开展老年人能力评估，填写《老年人能力评估表》（具体模板见表 1—2），并根据评估结果，出具《老年人能力评估报告》，提出老年人护理等级的初步建议。

表 1—2　　老年人能力评估表

一、日常生活能力评估		
1. 进食：指用餐具将食物由容器送到口中、咀嚼、吞咽等过程	□分	10 分，可独立进食（在合理的时间内独立进食准备好的食物）
		5 分，需部分帮助（进食过程中需要一定帮助，如协助把持餐具）
		0 分，需极大帮助或完全依赖他人，或有留置营养管
2. 洗澡	□分	5 分，准备好洗澡水后，可自己独立完成洗澡过程
		0 分，在洗澡过程中需他人帮助
3. 修饰：指洗脸、刷牙、梳头、刮脸等	□分	5 分，可自己独立完成
		0 分，需他人帮助
4. 穿衣：指穿脱衣服、系扣、拉拉链、穿脱鞋袜、系鞋带	□分	10 分，可独立完成
		5 分，需部分帮助（能自己穿脱，但需他人帮助整理衣物、系扣/鞋带、拉拉链）
		0 分，需极大帮助或完全依赖他人
5. 大便控制	□分	10 分，可控制大便
		5 分，偶尔失控（每周<1 次），或需要他人提示
		0 分，完全失控
6. 小便控制	□分	10 分，可控制小便
		5 分，偶尔失控（每天<1 次，但每周>1 次），或需要他人提示
		0 分，完全失控，或留置导尿管
7. 如厕：包括去厕所、解开衣裤、擦净、整理衣裤、冲水	□分	10 分，可独立完成
		5 分，需部分帮助（需他人搀扶去厕所，需他人帮忙冲水或整理衣裤等）
		0 分，需极大帮助或完全依赖他人
8. 床椅转移	□分	15 分，可独立完成
		10 分，需部分帮助（需他人搀扶或使用拐杖）
		5 分，需极大帮助（较大程度上依赖他人搀扶和帮助）
		0 分，完全依赖他人
9. 平地行走	□分	15 分，可独立在平地上行走 45 米
		10 分，需部分帮助（因肢体残疾、平衡能力差、过度衰弱、视力等问题，在一定程度上需他人搀扶或使用拐杖、助行器等辅助用具）
		5 分，需极大帮助（因肢体残疾、平衡能力差、过度衰弱、视力等问题，在较大程度上依赖他人搀扶，或坐在轮椅上自行移动）
		0 分，完全依赖他人

续表

10. 上下楼梯	□分	10 分，可独立上下楼梯（连续上下 10~15 个台阶）
		5 分，需部分帮助（需他人搀扶，或扶着楼梯、使用拐杖等）
		0 分，需极大帮助或完全依赖他人
11. 日常生活活动总分	□分	上述 10 个项目得分之和
日常生活活动分级	□级	0 能力完好：总分 100 分 1 轻度受损：总分 65~95 分 2 中度受损：总分 45~60 分 3 重度受损：总分≤40 分
二、精神状态评估		
1. 认知功能	测验	“我说三样东西，请重复一遍，并记住，一会儿会问您”：苹果、手表、国旗
		（1）画钟测验：“请您在这儿画一个圆形的时钟，在时钟上标出 10 点 45 分”
		（2）回忆词语：“现在请您告诉我，刚才我要您记住的三样东西是什么？” 答： （不必按顺序）
	评分 □分	0 分，画钟正确（画出一个闭锁圆，指针位置准确），且能回忆出 2~3 个词
		1 分，画钟错误（画的圆不闭锁，或指针位置不准确），或只回忆出 0~1 个词
		2 分，已确诊为认知障碍，如老年痴呆
2. 攻击行为	□分	0 分，无身体攻击行为（如打/踢/推/咬/抓/摔东西）和语言攻击行为（如骂人、语言威胁、尖叫）
		1 分，每月有几次身体攻击行为，或每周有几次语言攻击行为
		2 分，每周有几次身体攻击行为，或每日有语言攻击行为
3. 抑郁症状	□分	0 分，无
		1 分，情绪低落、不爱说话、不爱梳洗、不爱活动
		2 分，有自杀念头或自杀行为
4. 精神状态总分	□分	上述 3 个项目得分之和
5. 精神状态分级	□级	0 能力完好：总分为 0 分 1 轻度受损：总分为 1 分 2 中度受损：总分 2~3 分 3 重度受损：总分 4~6 分

续表

三、感知觉与沟通评估		
1. 意识水平	□分	0 分，神志清醒，对周围无环境警觉
		1 分，嗜睡，表现为睡眠状态过度延长。当呼唤或推动其肢体时可唤醒，并能进行正确的交谈或执行指令，停止刺激后又继续入睡
		2 分，昏睡，一般的外界刺激不能使其觉醒，给予较强烈的刺激时可有短时的意识清醒，醒后可简短回答提问，当刺激减弱后又很快进入睡眠状态
		3 分，昏迷，处于浅昏迷时对疼痛刺激有回避和痛苦表情；处于深昏迷时对刺激无反应（若评定为昏迷，直接评定为重度失能，可不进行以下项目的评估）
2. 视力：若平日戴老花镜或近视镜，应在佩戴眼镜的情况下评估	□分	0 分，能看清书报上的标准字体
		1 分，能看清楚大字体，但看不清书报上的标准字体
		2 分，视力有限，看不清报纸大标题，但能辨认物体
		3 分，辨认物体有困难，但眼睛能跟随物体移动，只能看到光、颜色和形状
		4 分，没有视力，眼睛不能跟随物体移动
3. 听力：若平时佩戴助听器，应在佩戴助听器的情况下评估	□分	0 分，可正常交谈，能听到电视、电话、门铃的声音
		1 分，在轻声说话或说话距离超过 2 米时听不清
		2 分，正常交流有困难，需在安静的环境或大声说话才能听到
		3 分，讲话者大声说话或说话很慢，才能部分听见
		4 分，完全听不见
4. 沟通交流：包括非语言沟通	□分	0 分，无困难，能与他人正常沟通和交流
		1 分，能够表达自己的需要及理解别人的话，但需要增加时间或给予帮助
		2 分，表达需要或理解有困难，需频繁重复或简化口头表达
		3 分，不能表达需要或理解他人的话
5. 感知觉与沟通分级	□级	0 能力完好：意识清醒，且视力和听力评为 0 或 1，沟通评为 0 1 轻度受损：意识清醒，但视力或听力中至少一项评为 2，或沟通评为 1 2 中度受损：意识清醒，但视力或听力中至少一项评为 3，或沟通评为 2；或嗜睡，视力或听力评定为 3 及以下，沟通评定为 2 及以下 3 重度受损：意识清醒或嗜睡，但视力或听力中至少一项评为 4，或沟通评为 3；或昏睡/昏迷

续表

四、社会参与评估		
1. 生活能力	□分	0 分，除个人生活自理外（如饮食、洗漱、穿戴、二便），能料理家务（如做饭、洗衣）或当家管理事务
		1 分，除个人生活自理外，能做家务，但欠好，家庭事务安排欠条理
		2 分，个人生活能自理；只有在他人帮助下才能做些家务，但质量不好
		3 分，个人基本生活事务能自理（如饮食、二便），在督促下可洗漱
		4 分，个人基本生活事务（如饮食、二便）需要部分帮助或完全依赖他人帮助
2. 工作能力	□分	0 分，原来熟练的脑力工作或体力技巧性工作可照常进行
		1 分，原来熟练的脑力工作或体力技巧性工作能力有所下降
		2 分，原来熟练的脑力工作或体力技巧性工作明显不如以往，部分遗忘
		3 分，对熟练工作只有一些片段保留，技能全部遗忘
		4 分，对以往的知识或技能全部磨灭
3. 时间/空间定向	□分	0 分，时间观念（年、月、日、时）清楚；可单独出远门，能很快掌握新环境的方位
		1 分，时间观念有些下降，年、月、日清楚，但有时相差几天；可单独来往于近街，知道现住地的名称和方位，但不知回家路线
		2 分，时间观念较差，年、月、日不清楚，可知上半年或下半年；只能单独在家附近行动，对现住地只知名称，不知道方位
		3 分，时间观念很差，年、月、日不清楚，可知上午或下午；只能在左邻右舍间串门，对现住地不知名称和方位
		4 分，无时间观念；不能单独外出
4. 人物定向	□分	0 分，知道周围人们的关系，知道祖孙、叔伯、姑姨、侄子侄女等称谓的意义；可分辨陌生人的大致年龄和身份，可用适当称呼
		1 分，只知家中亲密近亲的关系，不会分辨陌生人的大致年龄，不能称呼陌生人
		2 分，只能称呼家中人，或只能照样称呼，不知其关系，不辨辈分
		3 分，只认识常同住的亲人，可称呼子女或孙子女，可辨熟人和生人
		4 分，只认识保护人，不辨熟人和生人
5. 社会交往能力	□分	0 分，参与社会，在社会环境有一定的适应能力，待人接物恰当
		1 分，能适应单纯环境，主动接触人，初见面时难让人发现智力问题，不能理解隐喻语
		2 分，脱离社会，可被动接触，不会主动待人，谈话中很多不是词句，容易上当受骗
		3 分，勉强可与人交往，谈吐内容不清楚，表情不恰当
		4 分，难以与人接触
6. 社会参与总分	□分	上述 5 个项目得分之和

续表

<table>
<tr><td colspan="2">7. 社会参与分级</td><td>□级</td><td colspan="2">0 能力完好：总分 0~2 分
1 轻度受损：总分 3~7 分
2 中度受损：总分 8~13 分
3 重度受损：总分 14~20 分</td></tr>
<tr><td colspan="2" rowspan="2">五、能力评估结论（一级指标）</td><td colspan="2">日常生活能力：□级</td><td>精神状态：□级</td></tr>
<tr><td colspan="2">感知觉与沟通：□级</td><td>社会参与：□级</td></tr>
<tr><td rowspan="3">评估员签名</td><td>姓名</td><td colspan="2">所在单位</td><td>证书编号</td></tr>
<tr><td></td><td colspan="2"></td><td></td></tr>
<tr><td></td><td colspan="2"></td><td></td></tr>
<tr><td colspan="5">年　　月　　日</td></tr>
</table>

四、明确养老照护等级

结合老年人能力评估结果，养老机构要结合养老护理分级特征和分级标准（见表 1—3），进一步确定老年人入住后的养老护理等级。

表 1—3　　　　养老护理等级特征及分级标准

分级名称	分级特征	分级标准
自理级	身体健康，年老体弱患有慢性病，症状较轻，处于稳定期，日常生活完全能自理，思维正常，判断力和沟通能力正常	日常生活活动、精神状态、感知觉与沟通的分级均为能力完好（0 级），社会参与的分级为能力完好（0 级）或轻度受损（1 级）
介助一级	生活基本自理，各种慢性病处于稳定期，年龄在 80 岁以上，意识清晰，大小便能自理，能独立行走，有正常的思维、判断和沟通能力	1. 日常生活活动的分级为能力完好（0 级），精神状态、感知觉与沟通中至少一项的分级为能力轻度受损及以上，或社会参与的分级为中度受损（2 级） 2. 日常生活活动的分级为轻度受损（1 级），精神状态、感知觉与沟通、社会参与中至少有一项的分级为轻度受损（1 级）
介助二级	生活基本自理，各种慢性病处于稳定期，大小便能自理，借助移动辅具能独立行走，有轻度认知症障碍，思维、判断和沟通能力轻度受损	日常生活活动分级为能力完好（0 级）或轻度受损（1 级），感知觉与沟通中至少一项的分级为能力轻度受损及以上（1 级及以上），或社会参与的分级为中度受损（2 级）；伴有轻度认知功能下降
介护一级	日常生活需要部分协助，肢体有残疾，需要他人提供辅具帮助进食或户外活动，大小便能自控，位置移动需要他人部分协助，健忘，沟通判断能力弱	1. 日常生活活动的分级为轻度受损（1 级），精神状态、感知觉与沟通、社会参与的分级均为中度受损（2 级），或有一项的分级为重度受损（3 级） 2. 日常生活活动的分级为中度受损（2 级），且精神状态、感知觉与沟通、社会参与中有 1~2 项的分级为轻度受损（1 级）

续表

分级名称	分级特征	分级标准
介护二级	日常生活需要部分协助，肢体有残疾，需要他人提供辅具帮助进食或户外活动，大便或小便偶尔失控，位置移动需要他人部分协助，有轻度或中度的认知症障碍	日常生活活动的分级为轻度或中度受损（1级或2级），感知觉与沟通、社会参与的分级均为中度受损（2级），或有一项的分级为重度受损（3级）；伴有中度认知症障碍者
全护理级	日常生活完全不能自理，各种原因导致的长期卧床，不能下地行走，需要他人提供助餐、助浴、助洁，认知症中重度障碍，大小便不能控制或不能自理	1. 日常生活活动的分级为重度受损（3级）；或日常生活活动、精神状态、感知觉与沟通、社会参与的分级均为中度受损（2级） 2. 日常生活活动的分级为中度受损（2级），且精神状态、感知觉与沟通、社会参与中至少有一项的分级为重度受损（3级）
特殊护理级	患有严重疾病，疾病处于活动期需要卧床导致的日常生活不能自理；或者病情危重，生命体征不稳定，需要进行专业医疗护理服务	日常生活能力中、重度受损（2、3级），合并其他疾病的不稳定期或其他原因导致的医学等观察需要

五、办理入住手续

养老机构初步确定老年人的护理等级后，尽快通知老年人本人及其家属（意定监护人）一同前往养老机构办理入住手续。为了规范入住手续，须严格履行入住流程及各项要求。

（一）提交相关材料

1. 老年人体检报告。入住机构前，老年人需要按照养老机构要求的体检项目进行体检，并向养老机构提供最近一个月内本市二级以上医疗机构的《体检报告》（体检项目包括身体和精神健康状况、传染性疾病等）。该文件将作为老年人的健康档案由养老机构进行保管。

2. 老年人能力评估报告。入住前，养老机构评估人员对老年人一般情况、现病史、服药状况、老年人能力状况进行评估，初步确定老年人能力状况与照护等级。

3. 老年人及其家属（意定监护人）相关证件。入住前评估通过后，养老机构通知老年人入住，办理入住需携带老年人及其家属（意定监护人）的身份证等相关证件、老年人的病历等材料。

（二）拟订试住期养老服务计划

养老机构在初步确定入住老年人的养老护理等级后，要拟定一份《试住期养老服务计划》（见表 1—4），由老年人本人及家属、意定监护人、养老机构代表共同签字，作为《养老服务合同》正式附件。

表 1—4　　　　试住期养老服务计划

<table>
<tr><td>姓名</td><td></td><td>性别</td><td></td><td>民族</td><td></td><td>出生年月</td><td></td></tr>
<tr><td>婚姻状况</td><td colspan="3"></td><td colspan="2">身份证号码</td><td colspan="2"></td></tr>
<tr><td>入住时间</td><td colspan="3">年　　月　日起</td><td colspan="2">楼层房间号</td><td colspan="2">层　　号</td></tr>
<tr><td colspan="2">养老护理等级</td><td colspan="6">□自理级　□介助一级　□介助二级　□介护一级
□介护二级　□全护护理　□特殊护理</td></tr>
<tr><td colspan="2">特殊护理需求</td><td colspan="6">1.
2.
3.</td></tr>
<tr><td colspan="8">一、主要问题与诊断
1.
2.
3.
二、主要照护目标
1.
2.
3.
三、主要照护措施
1.
2.
3.
4.
5.
6.
7.
8.</td></tr>
<tr><td colspan="4">甲方（养老机构）：
授权人：（签字、盖章）
日期：　　年　月　日</td><td colspan="4">乙方（入住老年人）：（签字、按手印）
授权人（签字、按手印）：
日期：　　年　月　日</td></tr>
<tr><td colspan="4">丙方（入住老年人意定监护人）：（签字、按手印）
授权人（签字、按手印）：
日期：　　年　月　日</td><td colspan="4">备注：
1.
2.
3.</td></tr>
</table>

（三）告知潜在健康风险

养老机构在办理老年人入住手续时，养老机构须向老年人及其家属（意定监护人）告知照护等级及服务内容，并将老年人入住养老机构后可能会面临的健康安全风险及养老机构采取的必要防范措施，提前以书面的形式告知老年人或家属，并让老年人家属（意定监护人）签署《入住老年人潜在意外风险告知书》（见下文）、《保护性约束知情同意书》（见表1—5）。

入住老年人潜在意外风险告知书（模板）

尊敬的老年人家属：

因入住老年人年事已高、体弱多病，身体各器官趋于老化，各器官功能逐渐衰退，并伴有不同程度的基础疾病，老年人存在自身机体状况及疾病发展的不可预测性，因此，老年人在我养老机构寄养期间，有可能出现在正常管理秩序及护理状态下所无法预控的意外现象。

为了能使您和您的家人与我们双方在老年人入住过程中能够相互理解，彼此信任，我机构特将寄养人存在的潜在意外风险向您做如下告知。

1. 老年人均患有不同程度的心脑血管疾病或有突发心脑血管疾病的高危致病因素，因此容易突发心肌梗死、猝死、脑血管意外等突然性疾病及死亡现象。

2. 老年人都存在不同程度的骨质疏松，因此在入住过程中老年人可能因行走不稳而跌倒或在入厕、行走和活动时用力不均等原因，导致老年人出现软组织损伤、骨折（伤残），甚至出现生命危险（死亡）等意外。

3. 入住老年人，特别是患有心脑血管意外和心肺功能衰竭导致后遗症的老年人，在饮食和其他突发事件过程中可能会出现吞咽障碍和痰栓而导致的吞咽窒息、死亡等意外。

4. 入住老年人可能因心理问题、家庭矛盾、情绪波动等原因，出现坠楼、割脉、自缢等轻生行为，进而导致死亡。

5. 入住老年人因性格孤僻、猜疑心重、脾气暴躁等原因，既可能诱发自身的心脑血管疾病而发生意外，也可能出现极端异常行为，容易与其他老年人发生冲突，引起相互间的伤害意外，软组织损伤、骨折等伤亡意外。

6. 入住老年人均有不同程度的脑萎缩现象，可能因思维故障、情绪不稳等原因，导致失去行为自控能力，出现攻击性或伤害性行为，造成自伤或第三人伤亡等意外，如：误食、误伤、软组织损伤、骨折、死亡等。

7. 为避免失智老年人出现可预见意外伤害，我们对躁动、有伤害行为倾向的失智老年人需提供一定的保护性约束措施，由此可能会出现软组织损伤、皮肤破溃等意外。望家属谅解。

8. 卧床入住的老年人极易出现皮肤水肿、压疮等意外。

9. 老年人不听医、护人员嘱咐和劝阻，自行行动、上厕所、洗浴、上下楼梯、自行外出等行为极易造成意外伤害甚至死亡等。

10. 必须经过本养老机构指定人员审核服药单后方可进行配药。老年人家属自行改变药剂药量或老年人不听护理人员劝告自行服药，所造成老年人身体不适或病情恶化等严重后果的，由老年人及家属自行承担责任。

本养老机构工作人员已将上述入住老年人潜在意外风险明确告知入住老年人的委托人，在非服务不当的情况下，有上述意外情况出现，我机构不承担赔偿责任，特此告知！

本告知书一式两份，养老机构及入住老年人或家属各存一份。

养老机构告知人签名：　　　　　　　　　　　　年　　月　　日

入住老年人委托人签名：　　　　　　　　　　　年　　月　　日

表 1—5　　保护性约束知情同意书

<table>
<tr><td>老年人姓名</td><td></td><td>房间-床位号</td><td></td><td>入住日期</td><td>年　月　日</td></tr>
<tr><td>约束日期</td><td colspan="5">年　月　日至　　年　月　日，共计　　天</td></tr>
<tr><td>约束目的</td><td colspan="5">1. 限制不合作老年人身体或肢体的活动，防止自伤或伤害他人；
2. 保护老年人安全，防止跌倒或坠床；
3. 防止老年人自行拔出各种重要管道（如：引流管、鼻饲管、尿管、输液管等）；
4. 其他。</td></tr>
<tr><td>可能会发生的意外</td><td colspan="5">作为一项保护性护理操作技术，由于护理工作的需要和老年人的个体差异性，在操作过程中或后期，有可能出现以下情况：（1）局部红肿；（2）局部肿痛；（3）皮肤淤紫；（4）皮肤勒伤；（5）影响肢体血液循环，出现肿胀甚至坏死。</td></tr>
<tr><td>机构签名</td><td colspan="5">甲方：_________（公寓）　　　年　　月　　日</td></tr>
<tr><td>老年人或亲属及其关系人确认签名</td><td colspan="5">我（我们）已经清楚了解保护性约束对老年人安全的必要性和有可能发生的后果，本人或家属自愿接受同意对肢体或身体进行适度保护性约束，对可能发生的上述情况，表示理解。
乙方：_________（老年人家属）　　年　　月　　日
丙方：_________（意定监护人）　　年　　月　　日</td></tr>
<tr><td>备注</td><td colspan="5"></td></tr>
</table>

（四）签订服务合同并缴费

1. 养老机构向入住老人本人及家属或意定监护人，详细解释养老服务合同及附件各项条款（见附录）。

2. 养老机构与入住老人本人或其家属（意定监护人）共同确认养老服务合同的具体内容，明确双方责任义务，无异议后签字、按手印、盖公章。

3. 养老服务合同签署盖章后，一份由养老机构财务部门存档，一份由养老机构业务拓展部门存档，一份由养老机构护理服务部门存档，一份由老年人及其家属（意定监护人）存档。

4.《试住期养老服务计划》作为《养老服务合同》的重要附件，必须同时签署，其中一份由养老机构业务拓展部门存档，一份由养老机构护理部门存档，另一份由老年人及其家属（意定监护人）保存。

5.《入住养老机构潜在意外风险告知书》作为《养老服务合同》的重要

附件，必须同时签署，其中一份由养老机构业务拓展部门存档，一份由养老机构护理部门存档，另一份由老年人及其家属（意定监护人）保存。

6.《保护性约束知情同意书》作为《养老服务合同》的重要附件，必须同时签署，其中一份由养老机构业务拓展部门存档，一份由养老机构护理部门存档，另一份由老年人及其家属（意定监护人）保存。

7. 老年人本人或其家属（意定监护人），凭《养老服务合同》向财务部缴纳相关入住费用。

六、适应入住环境

为了帮助入住老年人尽快适应新环境，养老机构须向老年人及其家属（意定监护人）介绍养老机构整体情况，并向其说明试住的管理规程。

（一）熟悉养老机构

1. 拓展部工作人员带领入住老年人及其家属（意定监护人）熟悉并介绍养老机构整体环境、地理位置、交通及周边配套情况、设施设备、各功能分区、养老机构组织架构等。

2. 护理部工作人员带领老年人及其家属（意定监护人）熟悉了解老年人入住楼层的布局，楼层设施设备安全使用方法，老年人房间位置及房间内设施、家具，养老服务内容，相关服务人员以及相邻的入住老年人及注意事项等。

（二）明确试住规程

1. 试住期一个月，期间由护理部相关负责人员协助入住老年人适应环境，及时记录入住老年人的情况，由社工负责了解老年人的兴趣爱好，引导老年人参加团体活动。

2. 试住 7~15 天内，养老机构评估人员结合入住老年人的实际情况开展二次评估和专项评估，修订完善《养老服务计划》，通知护理部和医务部执行。

3. 试住期间，护理部与老年人家属（意定监护人）及时沟通入住老年人的适应情况，并初步进行各项服务满意度调查，将结果反馈给相关部门讨论解决。

4. 试住期间，老年人因不适应新的生活环境，要求回原居住地居住的或不能遵循养老机构相关规章制度等其他原因，中途提出退住或解除试住的，建议按照正常退住流程办理相关手续。

5. 试住期结束后，由护理部负责人办理相关手续，报养老机构分管院长（主任）确定是否同意正式入住。

七、二次评估及专项评估

试住期间，养老机构要利用更加密切的接触和观察机会，对试住老年人进行二次评估和专项评估，复核入住前老年人能力评估的等级判定和照护等级安排，及时调整护理计划。

对适合长期收住的老年人，完善形成《长期养老服务计划》，经养老机构、老人及家属（或意定监护人）共同签字后长期执行。

对不适合收住的老年人，及时向老年人及家属（或意定监护人）说明情况，办理退住手续。

（一）二次评估

老年人试住 7~15 天内，养老机构要根据入住前老年人能力评估反映出的主要问题和试住期间出现的新问题，从日常生活能力、精神状态、感知觉与沟通能力和社会参与等四个方面进行二次评估。

（二）专项评估

老年人试住期间，养老机构要针对老年人极易出现的跌倒、噎食、压疮和走失等风险进行专项评估。

1. 跌倒风险评估量表（具体模板见表 1—6）。

表 1—6　　　　　　　　　　跌倒风险评估量表

老年人姓名_____　性别___　年龄___　楼层___　房间号、床号_______			
评估人__________　总分________________　评估日期___年__月__日			
第一部分			
低风险	高风险		如果老年人情况不符合第一部分的任何条目，则进入第二部分的评定
老年人昏迷或完全瘫痪	入住前 6 个月内有>1 次跌倒史	入住期间有跌倒史	
第二部分（得分：　　　）			
1. 老年人年龄	分值	2. 大小便排泄	分值
60-69 岁	1	失禁	2
70-79 岁	2	紧急和频繁排泄	2
≥80 岁	3	紧急和频繁的失禁	4
3. 老年人携带管道数	分值	4. 活动能力	分值
1 根	1	老年人移动/转运或行走时需要辅助或监督	2
2 根	2	步态不稳	2
3 根及以上	3	视觉或听觉障碍而影响活动	2
5. 认知能力	分值	6. 跌倒史	分值
定向力障碍	1	最近 6 个月有 1 次不明原因跌倒经历	5
烦躁	2		
认知限制或障碍	4		
7. 高危药物			分值
高危用药如镇痛药、催眠药、抗惊厥药、降压利尿药、泻药、镇静剂和精神类药物的数量		1 个高危药物	3
		2 个及以上	5
		24 小时内有镇静史	7
说明：第二部分得分范围为 0~35 分，分三个等级，低于 6 分为低度风险；6~13 分为中度风险；高于 13 分为高度风险。			

2. 噎食风险评估量表（具体模板见表 1—7）。

表 1—7　　　　　　　　　　噎食风险评估量表

老年人姓名_____　性别___　年龄___　楼层___　房间号、床号_______			
评估人__________　总分________________　评估日期___年__月__日			
评估项目	分值	评估项目	分值
年龄大于 65 岁	1	自我控制差，有抢食行为	2
阿尔茨海默病中重度	2	少牙、无牙或全副假牙	4
血管性痴呆	3	长期卧床不起	1
口服镇静药流言明显、吞咽困难	4	慢性阻塞性疾病，咳嗽、咳痰明显	2
自我意识不清	1	总分	
总体评分：20~16 分为极度危险，15-11 分为比较危险，10-6 分为一般危险，5 分以下为安全。			

3. 压疮风险评估量表（具体模板见表 1—8）。

表 1—8　　压疮风险评估量表

<table>
<tr><td colspan="3">老年人姓名______　性别____　年龄____　楼层____　房间号、床号________</td></tr>
<tr><td colspan="3">评估人___________　总分________________　评估日期____年__月__日</td></tr>
<tr><td>评估要素</td><td>评估说明</td><td>得分</td></tr>
<tr><td rowspan="4">身体状况</td><td>良好：身体状况稳定，看起来很健康，营养状态很好</td><td>4</td></tr>
<tr><td>尚好：身体状况大致稳定，看起来健康尚好</td><td>3</td></tr>
<tr><td>虚弱：身体情况不稳定，看起来健康尚可</td><td>2</td></tr>
<tr><td>非常差：身体状况危险，急性病容</td><td>1</td></tr>
<tr><td rowspan="4">精神状况</td><td>清醒的：对人、事、地点、方向感非常清楚，对周围事物敏感</td><td>4</td></tr>
<tr><td>淡漠的：对人、事、地点、方向感只有 2~3 项清楚，反应迟钝、被动</td><td>3</td></tr>
<tr><td>混淆的：对人、事、地点、方向感只有 1~2 项清楚，经常对答不切题</td><td>2</td></tr>
<tr><td>木僵的：常常不能回答，嗜睡的</td><td>1</td></tr>
<tr><td rowspan="4">活动力</td><td>可走动的：能独立走动，包括使用手杖或扶车</td><td>4</td></tr>
<tr><td>行走需要协助的：无人协助则无法走动</td><td>3</td></tr>
<tr><td>依赖轮椅：由于病情或医嘱，仅能走上轮椅并以轮椅代步</td><td>2</td></tr>
<tr><td>卧床：因病情或医嘱限制留在床上</td><td>1</td></tr>
<tr><td rowspan="4">移动力</td><td>完全自主：可随心所欲地、独立地移动，控制四肢</td><td>4</td></tr>
<tr><td>轻微受限：可移动、控制四肢，但需人稍微协助才能变换体位</td><td>3</td></tr>
<tr><td>非常有限：无人协助下无法变换体位，移动时能稍微主动用力，无大便失禁者</td><td>2</td></tr>
<tr><td>完全受限：无能力移动，不能变换体位</td><td>1</td></tr>
<tr><td rowspan="4">失禁</td><td>无失禁：指大小便完全失控或已留置尿管，无大便失禁者</td><td>4</td></tr>
<tr><td>偶尔失禁：24 小时内出现 1~2 次尿或大便失禁（与轻泻剂或灌肠无关），留置尿套或尿管但能控制大便</td><td>3</td></tr>
<tr><td>经常失禁：在过去 24 小时之内有 3~6 次小便失禁或腹泻</td><td>2</td></tr>
<tr><td>完全失禁：无法控制大小便，24 小时内有 7~10 次失禁发生</td><td>1</td></tr>
<tr><td colspan="2">得分</td><td></td></tr>
<tr><td colspan="3">说明：评分≤14 分，有发生压疮的危险，评分≤8 分，有发生压疮的高度风险。</td></tr>
</table>

4. 走失风险评估量表（具体模板见表 1—9）。

表 1—9　　走失风险评估量表

老年人姓名_____ 性别___ 年龄___ 楼层___ 房间号、床号______			
评估人__________ 总分_______________ 评估日期___年_月_日			
项目类别	项目内容	状态及评估分值	
基本资料	年龄（是否超过 60 周岁）	超过：1 分	不超过：0
	性别	男性：1 分	女性：0
	是否受过高等教育	未受过：1 分	受过：0
既往史	有无走失现象	有：1 分	无：0
意识状态	有无意识障碍	有：1 分	无：0
心理状态	情绪低落、焦虑抑郁等	有：1 分	无：0
疾病史	认知障碍	有：1 分	无：0
	定向力障碍	有：1 分	无：0
	精神行为异常	有：1 分	无：0
药物影响认知	抗抑郁药	有：1 分	无：0
	组胺 H2 受体拮抗剂（替丁类）	有：1 分	无：0
	抗癫痫药	有：1 分	无：0
	受体阻滞剂（心得安）	有：1 分	无：0
	心脏药物（地高辛）	有：1 分	无：0
		总分：	
注：评估达到 1 分以上，必须进行走失动态评估和干预。评分越高，走失风险越大。			

八、制订长期养老服务计划

养老机构根据家庭访问、老年人能力评估以及老年人的特殊需求，初步确定试住期护理等级及相关服务内容。在试住期间，养老机构通过对入住老人进行二次评估和专项评估，全面掌握老年人的身体健康状况和养老服务需求，在此基础上，要为正式入住的老年人量身订制一份综合性、个性化的长期养老服务计划（具体模板见表 1—10），并形成正式文件，经老年人及家属（或意定监护人）签字同意后全面执行。

表 1—10　　　　入住老年人长期养老服务计划

<table>
<tr><td>姓名</td><td></td><td>性别</td><td></td><td>出生年月</td><td></td></tr>
<tr><td>民族</td><td></td><td>婚姻状况</td><td></td><td>身份证号码</td><td></td></tr>
<tr><td colspan="2">养老护理等级
（经二次评估后修订）</td><td colspan="4">□自理级　□介助一级　□介助二级
□介护一级　□介护二级　□全护护理
□特别护理</td></tr>
<tr><td rowspan="4">专项能力
评估情况</td><td>跌倒风险</td><td colspan="4">□低度风险　□中度风险　□高度风险</td></tr>
<tr><td>噎食风险</td><td colspan="4">□安全　□一般危险　□比较危险　□极度危险</td></tr>
<tr><td>压疮风险</td><td colspan="4">□一般风险　□高度风险</td></tr>
<tr><td>走失风险</td><td colspan="4">得分：　　（□需要进行走失动态评估和干预）</td></tr>
<tr><td colspan="2">老年人特殊护理需求</td><td colspan="4">1.
2.
3.</td></tr>
<tr><td colspan="6">一、主要问题与诊断
1.
2.
3.
二、主要照护目标
1.
2.
3.
三、主要照护措施
1.
2.
3.
4.
5.
6.
7.
8.</td></tr>
<tr><td colspan="3">甲方（养老机构）：（盖章）
授权人：（签字）

日期：　年　月　日</td><td colspan="3">乙方（入住老年人）：（签字、按手印）
授权人（签字、按手印）：

日期：　年　月　日</td></tr>
<tr><td colspan="3">丙方（入住老年人意定监护人）：（签字、按手印）
授权人（签字、按手印）：

日期：　年　月　日</td><td colspan="3">备注：
1.
2.
3.</td></tr>
</table>

九、签订补充协议

养老机构对结束试住期转为长期收住的老人，要对照试住前签署的《养老机构服务合同》及相关补充协议，制订并签署《长期养老服务计划》，还要结合试住期间的二次评估和专项评估的情况，签订其他必要的补充协议。

补充协议一份由养老机构财务部门存档，一份由养老机构业务拓展部门存档，一份由老年人及其家属（意定监护人）存档。

十、管理老年人自带物品

为了保障入住老年人的个人物品安全，避免遗失，养老机构须对老年人自带物品进行及时记录、安全保管。

（一）贵重物品

养老机构原则上不允许自带贵重物品，如金、银、玉器首饰、现金、银行卡等，以免丢失或因老年人自身原因忘记存放位置造成损失。有随身携带需求的，可向养老机构提出申请并说明必须携带的原因，养老机构同意后，及时对老年人自带贵重物品做好记录，帮助老人做好保管工作。

（二）一般物品及易耗品

自带其他物品（生活必需品、衣物等）由护理部负责接收、记录，与老年人家属（意定监护人）共同签字确认；对易耗品的使用应及时记录并告知老年人家属（意定监护人）。

（三）存放告知

护理部须将老年人物品存放处告知入住老年人及其家属（意定监护人）。

十一、定期评估与即刻评估

养老机构应对正式入住的老年人开展定期评估和即刻评估，及时筛查问题并修订养老服务计划，保证养老服务质量。

（一）定期评估

根据《老年人综合能力评估表》和《老年人专项能力评估表》，定期对入住老年人进行能力评估。对入住的半自理老年人每3个月至少进行一次能力评估；对失能和自理老年人每6个月至少进行一次能力评估。

（二）即刻评估

针对入住老年人突发疾病、意外及旧疾复发，引起身体情况发生明显变化，对老年人能力产生影响的，根据《老年人综合能力评估表》和《老年人专项能力评估表》，随时进行即刻评估。根据即刻评估的结果，结合老年人的特殊护理需求，重新制订养老服务计划。

十二、办理退住手续

试住期间，经养老机构确认不适宜收住的老年人，或入住老年人及其家属（意定监护人）提出退住申请后，养老机构须严格履行退住流程及各项要求，及时办理退住手续。

（一）启动退住程序

1. 试住期间经养老机构确认不适应收住的老年人，由护理部门直接填写《退房申请单》并签字，并发至相关部门，同时通知老年人及家属（意定监护人），启动退住程序。

2. 长期居住的老年人或其家属（意定监护人），提前两天向护理部提出退住申请，填写《退房申请单》并签字，护理部填写《退住通知单》，并发至相关部门，启动退住程序。

（二）退住查房

入住老年人搬离养老机构所住房间后，护理部进行查房，填写《查房确认书》并交给财务部。

（三）签订养老服务终止协议

双方确认无误后，签订《养老服务终止协议书》，一份由财务部存档，一份由拓展部存档，一份由老年人及其家属（意定监护人）留存。

（四）办理退款

老年人或其家属（意定监护人）向财务部出示缴费凭证，财务人员与老年人或其家属（意定监护人）核实入住期间所发生的所有费用，办理退款。

第二章 生活照料服务

《养老机构服务质量基本规范》的相关内容
（GB/T 35796—2017）

5.2 生活照料服务

5.2.1 服务内容

生活照料服务的内容包括但不限于：协助老年人个人饮食、起居、清洁卫生、排泄、体位转移。

5.2.2 服务基本要求

5.2.2.1 应提供24小时服务，记录交接班情况。

5.2.2.2 养老护理员应了解服务老年人的基本信息，包括但不限于：姓名、个人生活照料的重点、个人爱好、精神心理情况等。

5.2.2.3 养老护理员应定时巡查老年人居室，观察老年人身心状况，发现特殊情况及时报告并协助处理。

5.2.2.4 生活照料服务的要求包括但不限于：

a）防止跌倒、烫伤。

b）保持皮肤、口腔、头发、手足指（趾）甲、会阴部清洁，外表整洁，无长指（趾）甲；保持老年人床铺整洁。

一、基本技术流程

（一）洗脸

1. 秋冬季或天气恶劣的情况下关好门窗，冬天调节室温至22~24℃，夏天调节室温至26~28℃。

2. 洗手。

3. 备齐用物，向老年人解释，征得同意。

4. 倒热水，测试温度（建议42℃左右）。

5. 毛巾拧干，正确缠绕于手上。

6. 擦洗脸部：眼睛、前额、鼻部、脸颊、耳部、颈部。

7. 视情况使用洁面乳液或洗面皂，清水洗净。

8. 涂润肤霜。

9. 安置老年人于舒适体位，整理用物。

10. 洗手。

（二）梳头

1. 洗手。

2. 备齐用物，向老年人解释，征得同意。

3. 安置老年人于合适体位，干毛巾围于老年人颈肩部，卧床老年人铺于枕上。

4. 梳理头发（卧床老年人可先梳一侧，再梳另一侧。散开头发，一手压住发根，一手持梳子从发根梳到发梢。长发打结者，先从发梢到发根逐步梳理顺畅后再从发根到发梢梳理整齐）。

5. 按老年人习惯梳理发型。

6. 安置老年人于舒适体位，整理用物。

7. 洗手。

（三）清洁口腔

1. 洗手。

2. 备齐用物，向老年人解释，征得同意。

3. 安置老年人于半坐卧位或坐位，不能坐起者，取侧卧位或头偏向一侧。

4. 将干毛巾或塑料围布围于老年人颌下，弯盘置于老年人口角旁。

5. 漱口，观察口腔情况，取下活动性假牙（漱口时帮助老年人扶持水杯或帮助其用吸管吸水。用棉棒清洁者，帮助老年人张口，借助压舌板观察口腔情况）。

6. 进行刷牙或用棉棒清洁口腔，将涂上牙膏的牙刷递给老年人，让其自行刷牙，最后用清水彻底漱净口腔；棉棒蘸水，擦洗顺序：由臼齿纵向擦洗到门齿，擦洗左右外侧面，左上内侧面和咬合面，左下内侧面和咬合面；左侧颊部，同法擦洗右侧，最后擦洗舌面和腭部（擦洗的左右顺序取决于老年人卧位的方向）。

7. 用毛巾擦干口唇周围水迹，视情况涂润唇膏。

8. 安置老年人于舒适体位，整理用物。

9. 洗手。

（四）假牙的护理

1. 洗手。

2. 备齐用物。

3. 向老年人解释，征得同意。

4. 帮助老年人张口，取下假牙，动作须轻柔、敏捷、准确。

5. 帮助老年人清洁口腔。

6. 用冷水将假牙刷洗或擦洗干净，若老年人暂时不使用，应浸泡在清洁的冷水中保存。

7. 因假牙容易被磨损所以不可以使用牙膏，强烈摩擦也会使假牙受损，勿用热水或乙醇，以免变色、变形和老化。

8. 注意假牙的清洁卫生，可用假牙清洁片进行除菌消毒，每天一次或是1

周内 3~5 次。

9. 安置老年人于舒适体位，整理用物。

10. 洗手。

（五）修剪指（趾）甲

1. 洗手。
2. 备齐用物，向老年人解释，征得同意。
3. 将手和脚分别浸泡于 41~45℃热水中 5~10 分钟，用毛巾擦干。
4. 手下垫纸巾，逐一修剪指甲，修剪成半弧形，用锉刀修整指甲。
5. 足下垫纸巾，逐一修剪趾甲，修剪成平形，不留角，用锉刀修整趾甲。
6. 纸巾包裹剪下的指（趾）甲碎屑丢入废物桶内。
7. 安置老年人于舒适卧位，整理床单位。
8. 整理用物，消毒指甲刀。
9. 洗手。

（六）穿脱衣服（开襟衣服）

1. 秋冬季或天气恶劣的情况下关好门窗，冬天调节室温至 22~24℃，夏天调节室温至 26~28℃。

2. 洗手。

3. 向老年人解释，征得同意后，松开盖被。

4. 脱开襟上衣：解开纽扣，脱去健侧衣袖，将一侧上衣平整地掖于老年人身下，从另一侧拉出，脱下另一侧衣袖，整理衣服。

5. 穿开襟上衣。

方法 1：协助老年人穿好患侧衣袖，翻身侧卧，将另一侧衣服平整掖于身下，协助平卧，从另一侧身下拉出衣服，穿好开襟上衣。

方法 2：将衣服与衣袖展开，横放成“一”字形，一手托老年人腰部，另一手将衣服横穿过老年人腰下，展开衣服的衣袖，穿好两侧衣袖，再一手托老年人肩颈部，另一手将衣领轻轻向上提拉至颈部，扣好纽扣，整理衣服。

6. 安置老年人于舒适卧位，整理床单位。

7. 肢体偏瘫的老年人穿脱衣服时，应先穿患侧，再穿健侧；脱衣服时，先脱健侧，再脱患侧。

8. 洗手。

（七）穿脱衣服（套头衣服）

1. 秋冬季或天气恶劣的情况下关好门窗，冬天调节室温至 22～24℃，夏天调节室温至 26～28℃。

2. 洗手。

3. 向老年人解释，征得同意后，松开盖被。

4. 脱套头衫：将上衣拉至胸部，协助老年人一侧手臂上举，顺势脱出袖子，依法脱去另一侧，再一手托起老年人头颈部，另一手将衣服从头上脱去。

5. 穿套头衫：辨清衣服前后面，护理员一手从衣服袖口处穿入到衣服的下摆，手握老年人手腕，将衣袖轻轻向老年人手臂套入，同法穿好另一侧，再将衣领口从老年人头部套入，整理衣服。

6. 安置老年人于舒适卧位，整理床单位。

7. 肢体偏瘫的老年人尽量避免穿套头衣服，必要时，穿脱顺序同上。

8. 洗手。

（八）穿脱衣服（裤子）

1. 秋冬季或天气恶劣的情况下关好门窗，冬天调节室温至 22～24℃，夏天调节室温至 26～28℃。

2. 洗手。

3. 向老年人解释，征得同意后，松开盖被。

4. 脱裤子：协助松开裤带、裤口，护理员一手托腰骶部，另一手将裤腰向下褪至臀部以下，再协助褪至膝部，然后一手托膝部，另一手拉出裤管，同法脱出另一侧。

5. 穿裤子：护理员一手从裤管口伸入到裤腰口，轻握老年人脚踝，另一手将裤管向老年人大腿方向提拉，同法穿好另一侧，向上提拉至臀部，再协助老年人侧卧，提拉裤腰至腰部，平卧，系好裤带，整理裤子。

6. 肢体偏瘫的老年人应先穿患侧，再穿健侧；脱衣服时，先脱健侧，再脱患侧。

7. 安置老年人于舒适卧位，整理床单位。

8. 洗手。

（九）协助进食与饮水

1. 洗手。

2. 向老年人解释，征得同意后，嘱咐或帮助老年人洗手。

3. 协助老年人坐位或半坐卧位，手边放清洁小毛巾，胸前围餐巾。

4. 先喂适量温水以湿润口腔，再小口喂固体食物，偏瘫者送食入口腔健侧，喂前先测温度。

5. 小口喂食，固体、流质食物交替喂，防噎食。流质食物可用吸管饮用。

6. 进食完毕，协助漱口或刷牙。

7. 安置老年人于半卧位或右侧卧位，整理用物。

8. 洗手。

（十）协助沐浴

1. 关好门窗，室温建议调节至28℃左右。

2. 洗手。

3. 向老年人解释，征得同意后，备齐用物，送老年人入更衣室。

4. 协助老年人脱去衣裤，扶老年人坐在助浴凳，或者协助老年人平卧在助浴车上，适当用毛巾遮盖老年人隐私部位。

5. 调节淋浴水温至40℃。

6. 征询水温是否合适，先协助老年人洗头。

7. 用洗面奶洗脸，冲净。

8. 洗净全身，关闭淋浴器（冲湿全身，用浴液或浴皂依次涂擦耳后、颈部、双上肢、胸部、腹部、背臀部、会阴部、双下肢、双足，温水冲净）。

9. 擦干头发、身体，协助穿衣裤。

10. 送老年人回房休息（必要时用电吹风将头发吹干），整理用物，清理地面，清洗衣物。

11. 洗手。

（十一）床上擦洗

1. 秋冬季或天气恶劣的情况下关好门窗，冬天调节室温至 22～24℃，夏天调节室温至 26～28℃。

2. 洗手。

3. 备齐用物，向老年人解释，征得同意后，用屏风或布帘遮挡。

4. 倒好热水，用手或水温计测试温度（水温 50～55℃）。

5. 大毛巾铺于枕上，按洗脸法清洁脸部、颈部。

6. 擦洗胸腹部：棉被向下折叠，脱去老年人上衣，浴巾盖于胸腹部，一手略掀起大毛巾，另一手包裹擦洗毛巾，分别用浴液、清水擦洗前胸、腹部，浴巾擦干，盖好棉被。

7. 擦洗背部：协助老年人侧卧，将背侧棉被向上折，分段暴露背、臀部，浴巾铺于背、臀下，分别用浴液、清水擦洗背及腰骶部，边擦边按摩，骶尾部重点按摩，浴巾擦干。

8. 擦洗双上肢、双手：协助老年人平卧，浴巾铺于臀下，分别用浴液、清水擦洗上肢，浴巾擦干。更换干净上衣，盖好被子，将盛有热水的脸盆放在凳子上，手泡于盆中，洗净指间指缝，擦干，同法洗另一手。

9. 擦洗双下肢、会阴部：脱下裤子盖于会阴部，暴露一侧下肢，下铺浴巾，分别用浴液、清水擦洗，浴巾擦干，同法擦洗另一侧。按会阴清洁法清洁会阴，穿上清洁裤子。

10. 清洁足部。

11. 安置老年人，整理床单位，整理用物。

12. 洗手。

（十二）床上洗头

1. 秋冬季或天气恶劣的情况下关好门窗，冬天调节室温至 22～24℃，夏天调节室温至 26～28℃。

2. 向老年人解释，征得同意后，备齐用物。

3. 协助老年人斜角平卧，移枕于肩背后。

4. 塑料布、浴巾铺于头下，将老年人衣领内折，干毛巾围于颈下。

5. 洗头垫垫于头下，小毛巾盖于老年人眼部，棉球塞于耳内，松开老年人头发。

6. 温水 50~55℃，打湿头发。

7. 洗发液均匀涂于头发，指腹搓头发并按摩头皮，温水冲净。

8. 擦干面部，干毛巾包头，取出耳中棉球，吹风机吹干头发，整理好枕头，让老年人休息。

9. 安置老年人于舒适体位，整理用物，清理地面，清洗衣物。

10. 洗手。

（十三）会阴清洁

1. 秋冬季或天气恶劣的情况下关好门窗，冬天调节室温至 22~24℃，夏天调节室温至 26~28℃。

2. 洗手。

3. 备齐用物，向老年人解释，征得同意后，用屏风或布帘遮挡。

4. 倒好热水，用手或水温计测试温度（水温 42℃）。

5. 身体下方垫橡胶单或防水中单、尿垫，臀下放置便器，安置体位，暴露会阴。

6. 擦洗或冲洗会阴，顺序为会阴对侧（远侧）、近侧、中部，冲洗后擦干。

7. 撤去便盆、橡胶单、中单，更换内裤，整理衣被。

8. 安置老年人于舒适体位，整理用物。

9. 洗手。

（十四）协助如厕

1. 卫生间地面干燥，防滑，开启排气扇，光线不足时应开灯。

2. 向老年人解释，征得同意后，搀扶老年人或帮助老年人使用助行器到卫生间。

3. 洗手。

4. 松裤带，身体稍前倾，坐于便器上，卫生纸放于老年人手旁。

5. 不锁门，叮嘱老年人耐心排便，避免过于用力。

6. 便毕，协助老年人慢慢站立，系好裤带，冲水。

7. 协助老人洗手，扶老年人回房。

8. 冲洗便器，开窗通风，洗手。

（十五）床上便器使用

1. 秋冬季或天气恶劣的情况下关好门窗，冬天调节室温至22~24℃，夏天调节室温至26~28℃。

2. 准备清洁、无破损便盆。

3. 向老年人解释，征得同意后，用屏风或布帘遮挡。

4. 洗手。

5. 协助平卧，松裤带，将裤子褪至膝下，屈膝卧位。

6. 臀下垫橡胶单、中单或一次性尿布。

7. 一手托老年人腰骶部，一手拿便盆，放入老年人臀下，使便盆扁平部朝向尾骶部。

8. 便后，一手托老年人腰骶部，一手取出便盆，擦净肛周皮肤，必要时温水清洗，便盆用卫生纸遮盖。

9. 安置老年人于舒适体位，整理床单位，开窗通风。

10. 处理便盆，洗手。

（十六）尿壶使用

1. 秋冬季或天气恶劣的情况下关好门窗，冬天调节室温至22~24℃，夏天调节室温至26~28℃。

2. 向老年人解释，征得同意后，用屏风或布帘遮挡。

3. 洗手。

4. 松裤带，裤子褪至臀下。

5. 放入尿壶。

（1）男性老年人侧卧位，下侧腿伸直，上侧腿略屈曲前倾，壶身置于下侧腿与腹部之间，底部靠床，臀下垫卫生纸，尿壶接口接阴茎，嘱咐老年人排尿；仰卧位时则抬高床头，壶身置于会阴部。

（2）女性老年人平卧位，双下肢屈曲稍外展成伸直自然分开，以能放入尿壶为宜，臀下垫卫生纸，根据女性尿壶接口的不同结构调整放置部位，接住尿道口，稍用力按压使之紧贴会阴皮肤，嘱咐老年人排尿。

6. 尿毕，用卫生纸吸干局部尿液，或用毛巾洗净局部。

7. 整理衣裤和床单位，安置老年人于舒适卧位。

8. 倒除尿液，冲洗尿壶，整理用物，洗手。

（十七）更换纸尿裤

1. 秋冬季或天气恶劣的情况下关好门窗，冬天调节室温至22~24℃，夏天调节室温至26~28℃。

2. 向老年人解释，征得同意后，用屏风或布帘遮挡。

3. 洗手。

4. 松裤带，裤子褪至臀下。

5. 松开纸尿裤胶贴，放下会阴部的纸尿裤部分，清洗会阴部。

6. 协助老年人侧卧，取下湿的纸尿裤，清洗臀部。

7. 固定干净纸尿裤（协助老年人平卧，两腿中间的纸尿裤往上拉到上腹部，把两边的胶贴对准后片两侧腰围部分，分别撕开粘贴）。

8. 调整腰部和腿部的褶边，避免卡住皮肤。

9. 整理衣被，安置老年人于舒适体位。

10. 整理用物，洗手。

（十八）体位保持与更换（仰卧到侧卧）

1. 秋冬季或天气恶劣的情况下关好门窗，冬天调节室温至22~24℃，夏天调节室温至26~28℃。

2. 向老年人解释，征得同意。

3. 洗手。

4. 将各种导管安置妥当，老年人仰卧，双手放于腹部，整理老年人衣被。

（1）一人协助法：先将老年人肩部和臀部移向护理员侧的床沿，再将老年人双下肢移近并屈膝，一手托肩，一手扶膝，轻轻将老年人转向对侧，使老年人背向护理员。

（2）二人协助法：两人站在床的同一侧，一人托住老年人颈肩部和腰部，另一人托住老年人臀部和腘窝部，两人同时将老年人抬起移向近侧，分别托扶老年人的肩、腰、臀和膝，轻轻将老年人翻向对侧。

5. 按侧卧位的要求，在老年人背部、胸前及两膝间垫上软枕。

6. 洗手。

7. 记录翻身时间和皮肤情况。

（十九）体位保持与更换（仰卧到半坐卧位）

1. 秋冬季或天气恶劣的情况下关好门窗，冬天调节室温至 22~24℃，夏天调节室温至 26~28℃。

2. 向老年人解释，征得同意。

3. 使用可摇床时，护理员将床头摇起，抬高至与床水平面呈 30~45 度角，使用普通床时，可使用棉被或靠垫支撑老年人背部使其上身抬起。

4. 洗手。

5. 身体两侧及膝下垫软枕以保证体位稳定。

6. 询问并观察老年人体位变换后有无不适。

7. 洗手。

8. 记录体位变换时间。

（二十）体位保持与更换（仰卧到坐位）

1. 秋冬季或天气恶劣的情况下关好门窗，冬天调节室温至 22~24℃，夏天调节室温至 26~28℃。

2. 向老年人解释，征得同意。

3. 洗手。

4. 将各种导管安置妥当，老年人仰卧，双手放于腹部，整理老年人衣被。

5. 先将老年人肩部和臀部移向护理员侧的床沿，再将老年人双下肢移近并屈膝。

6. 护理员一手小臂托扶老年人对侧肩部，另一手辅助对侧髋部，使老年人身体翻动稍侧向自己。

7. 用手压住老年人靠床沿侧肘关节做支撑点，沿自然坐起的运动曲线协助其坐起。

8. 将靠垫或软枕垫于老年人后背及膝下，保证坐位稳定舒适。

9. 询问并观察老年人变换体位后有无不适。

10. 洗手。

11. 记录体位变换时间。

（二十一）翻身

1. 秋冬季或天气恶劣的情况下关好门窗，冬天调节室温至22~24℃，夏天调节室温至26~28℃。

2. 向老年人解释，征得同意。

3. 洗手。

4. 松开盖被，放平床头床尾支架。

5. 老年人仰卧，屈膝。

6. 协助老年人侧卧（一手托老年人颈肩部，另一手托腰部，将老年人上半身抬起，移向近侧；然后一手托腰部，另一手托大腿，将老年人下半身抬起，移向近侧，拉起床档，护理员转至对侧，一手扶老年人肩部，另一手扶髋部，将老年人轻轻翻身至护理员侧。或者先拉起对侧床档，将老年人移向近侧后直接向对侧翻身）。

7. 观察老年人背部皮肤，整理衣服。

8. 用软枕固定侧卧姿势（在老年人的背部、胸前各放一软枕，上侧腿略向前方屈曲，下侧腿微屈，两膝之间，垫以软枕）。

9. 整理床单位。

10. 洗手。

11. 记录翻身时间。

（二十二）协助移位（移位床头）

1. 洗手。
2. 向老年人解释，征得同意。
3. 将老年人的枕头拿走，使其仰卧，将枕头立于床头。
4. 护理员一只手臂伸入老年人肩下，另一手臂托住老年人臀部。
5. 抬起老年人臀部，让老年人双手握住床头栏杆，用双足抵住床面挺身上移。
6. 抻平老年人衣服及床单。
7. 放回枕头，使老年人卧位舒适。
8. 协助老年人盖好被子。
9. 洗手。

（二十三）协助移位（移位床沿）

1. 洗手。
2. 向老年人解释，征得同意。
3. 护理员站在老年人一侧，老年人环抱两臂放于胸前。
4. 将枕头放到护理员近侧，将老年人头部移到枕头上。
5. 护理员两腿略分开并屈膝，重心放低，一手经老年人颈下抱住老年人对侧肩部，另一手经老年人臀部抱住对侧髋部。
6. 将老年人上半身移向近侧，一手经老年人臀部抱住老年人对侧髋部，另一手抱住老年人大腿部，将老年人下半身移向近侧。
7. 整理床单位。
8. 洗手。

（二十四）协助移位（轮椅与床平行移位）

1. 洗手。
2. 向老年人解释，征得同意。

3. 将轮椅推至床旁，使椅背与床尾平齐，拉紧两侧车闸，固定轮椅。

4. 扶老年人坐于床沿，双腿着地。

5. 护理员环抱或用力协助老年人平稳坐到轮椅上。

6. 嘱咐老年人尽量往后靠，避免身体前倾或自行下车。

7. 老年人双脚放在脚踏板上，束缚带适度保护。

8. 洗手。

（二十五）协助行走

1. 向老年人解释，征得同意。

2. 老年人健侧执手仗。

3. 护理员一手扶住老年人的肩部，另一手提拉老年人的腰带，防止老年人身体倒向前侧或两侧，使老年人的身体保持平衡。

4. 先移动手杖约 15 厘米，患肢先行，调整好重心后再移动健肢。

5. 缓慢向前移动脚步。

（二十六）睡眠照料

1. 关好门窗，防止对流和受凉（特别是秋冬季或天气恶劣的情况，春夏季或天气晴朗的情况可适当留门窗缝隙，以避免老年人憋闷）。

2. 征询老年人意见，协助老年人如厕。

3. 协助铺好床铺，拍松枕头，冬天可先用热水袋热被窝，待老年人入睡时取出。

4. 协助做好睡前卫生：刷牙，洗脸，洗会阴，洗脚，有条件可适当泡脚。

5. 扶老年人上床，安置舒适卧位，呼叫器放在枕边，便器放于床边，方便老年人取用。

6. 拉上窗帘，关电视，关灯。依老年人习惯决定厕所是否留夜灯。

7. 保持周围环境安静。

注意事项：

1. 为老年人提供身体擦洗服务前，原则上要求关好门窗，防止对流和受凉（特别是秋冬季或天气恶劣的情况，春夏季或天气晴朗的情况可适当留门窗缝隙，以避免老年人憋闷）。

2. 照护人员须在服务操作前后进行洗手，洗手须使用肥皂或洗手液，必要时使用手消毒液。

3. 室内温湿度要适宜、恒定（建议：冬天温度最好调节在22~24℃，夏天温度最好调节在26~28℃；人体最适宜的空气相对湿度是40%~50%；服务操作对房间温湿度有特殊要求的，按需求进行调整）。

4. 服务操作前，须征得老年人同意；意识不清醒的，可直接按照操作要求和流程开展服务。

二、环境控制及辅具使用

（一）铺床

1. 备齐用物，检查床铺。

2. 移开床旁桌，移床旁椅至床尾，物品依次放椅子上。

3. 取大单，依次于床上散开，先铺一侧床头，再铺床尾，转对侧铺好床头床尾，四角包紧，中线对齐，床面平整。

4. 取被套，齐床头，对中线，依次散开，尾部开口处分开，放入S形折叠的棉胎，于被套内展开棉胎，系好开口处系带。

5. 盖被齐床头，两次边缘内折齐床沿，尾端内折平床尾，盖被平整无虚边。

6. 取枕芯、枕套，一手从枕套正面一端套入，以枕套内面捏住枕芯的一端，另一手将枕套往下拉，套住枕芯，四角充实，拍松枕头，开口端背门放置。

7. 移回床旁桌、床旁椅。

（二）整理床单位

1. 备齐用物。

2. 向老年人解释，征得同意，放平床头床尾床档、支架，移开床旁桌椅。

3. 协助老年人向对侧侧卧，检查背部及尾骶部皮肤。

4. 清扫并拉平床单（从床头至床尾扫净床上渣屑，注意扫净枕下。拉平床单，包紧床角。协助平卧，转至对侧，依法扫净和整理对侧床单）。

5. 整理被套，枕头拍松放回原处。

6. 整理老年人衣裤，安置老年人于舒适体位，移回床旁桌椅。

7. 整理用物，取下床刷套，清洗消毒备用。

（三）控制环境温湿度

1. 根据季节和天气情况，将养老机构公共区域和房间温湿度调节到老年人最适宜的状态，避免老年人身体不适或生病。降低空调使用成本，节约能源，杜绝浪费。

2. 空调启用规定。

（1）冬天：老年人居室内温度在 22℃以下，开启空调取暖。

（2）夏天：老年人居室内温度在 28℃以上，开启空调制冷。

（3）空调设置温度：夏季不低于 26℃；冬季不得高于 26℃。

（4）必要时加设空调导风板，避免空调直吹老年人。

3. 在空调开启期间，老年人居室宜关闭门窗。严格按照操作规程开启、关闭空调。

4. 周围空调酌情开放。餐厅空调根据用餐安排定时开放，老年人回居室后，必须及时检查落实餐厅空调关闭情况，老年人离开居室时应关闭空调。

5. 对躁动老年人和体温调节中枢紊乱或有特殊情况老年人，护理人员应酌情开放空调，延长空调开放时间，并及时做好记录。

6. 各班护理人员做好老年人空调使用记录，由楼层主管上报财务部。

（四）使用轮椅

1. 准备并检查轮椅。

2. 向老年人解释，征得同意。

3. 推轮椅至床旁（轮椅与床呈 45 度角或椅背和床尾平齐，拉起车闸，翻起踏脚板，固定轮椅）。

4. 协助老年人坐于床旁（协助老年人卧于床侧，屈膝，护理员立于老年人右侧，一手置颈肩处，一手至左膝外侧，扶老年人坐起。协助穿鞋）。

5. 协助老年人坐于轮椅上（让老年人双手放在护理员的肩上或环绕于颈部，护理员的双手合抱老年人的腰部，双脚和双膝抵住老年人双脚双膝的外侧，或一脚伸入老年人双脚之间，协助老年人站立，旋转身体坐于轮椅上）。

6. 翻下脚踏板，调整坐姿，系好安全带，根据需要盖上毛毯。松刹车，推轮椅。

（1）上台阶：轮椅正对台阶，踩下后倾杆，顺势推轮椅上台阶。

（2）下台阶：调转轮椅方向，先下后轮再下前轮，倒退下台阶。

（3）下斜坡：调转轮椅方向，倒退下行。

7. 慢推轮椅，平稳前行。久坐轮椅者，定时扶轮椅扶手，抬高臀部片刻。

（五）使用拐杖

1. 准备合适的手杖或腋杖并检查。

2. 向老年人解释，征得同意。

3. 扶杖行走。

（1）手杖使用。手杖置健侧手，重心在健侧，手杖向前拄出，患侧向前迈出一步，重心转移到患侧与手杖上，健侧跟上。遵循“手杖、患侧、健侧”的顺序前行。

（2）腋杖使用。患脚不着地的行步方法：双侧腋杖同时放前一步，患脚腾空，健脚跟上。患脚可着地的行步方法：四点步，右拐前移，迈左脚，移左拐，右脚跟上；三点步，两侧腋杖与患脚同时向前，健脚跟上；二点步，右腋杖与左脚同时移动，左腋杖与右脚同时移动。

4. 扶杖上下楼梯。

（1）使用手杖上下楼：上楼梯时，手杖放在上一个台阶上，健侧先上，患侧跟上；下楼梯时，手杖先放在下一个台阶上，患侧先下，再下健侧。

（2）使用腋杖上下楼：上楼梯，健脚先上，然后患脚与左右腋杖同时上；下楼梯，两腋杖同时先下，患脚下移，健脚跟上。

5. 未熟练使用前，应有人扶持或陪伴防止老年人跌倒。

（六）使用助步器

1. 向老年人解释，征得同意。

2. 协助老年人平稳站立。

3. 双手放在扶手上，身体略向前倾。

4. 扶助步器行走。

（1）无轮子的助步器：举起助步器放前约 15 厘米，患脚前行，健脚跟上。

（2）有轮助步器：推动助步器向前约 15 厘米放稳，患脚前行，健脚跟上。

5. 指导老年人循序行走，每天定时锻炼。

（七）使用约束用具

首先，在约束告知后，选择适当的约束用具。

其次，制订约束计划，按约束计划进行约束，中间放开时的观察、保护、记录。

最后，定期评估，如何终止约束等。

1. 准备阶段。

（1）评估老年人病情、活动能力，约束部位皮肤情况，征求老年人、家属（意定监护人）意见，了解其对使用约束用具的认知和接受程度并进行解释。

（2）老年人准备：将老年人肢体置于功能位。

（3）用物准备：约束用具（约束带或约束背心、约束衣、约束手套）、保护垫（棉垫）等。

2. 实施阶段。

（1）以保护垫包裹约束部位。

（2）将约束用具用于约束部位。

（3）固定约束用具。

（4）检查老年人肢体活动程度、范围，以及约束用具的牢固度、松紧度、舒适度等。

（5）调整约束用具。

（6）交代约束后的注意事项。

3. 观察。

（1）观察约束效果。

（2）观察约束部位皮肤完整性及血液循环情况。

（3）观察老年人的呼吸和面色。

（4）询问老年人感受。

4. 记录。

（1）记录约束原因、方法和部位。

（2）记录老年人全身和约束部位皮肤情况。

（3）记录约束带引起的相关并发症的处理措施及效果。

（4）注意交接约束相关情况。

5. 保护性约束知情同意书（具体模板见表 1—5）。

三、特别预防措施

（一）预防跌倒

1. 保证充足的光线，清除房间、床周围及老年人行走通道中的障碍物，保持地面清洁干燥。

2. 将日常物品、呼叫器放于老年人伸手可及范围。

3. 穿宽松、舒适的衣裤，易穿且合脚的鞋，鞋底粗糙、防滑，尽量避免在室外着拖鞋。

4. 指导老年人改变体位时遵守平躺 30 秒、坐起 30 秒、站立 30 秒再行走的原则，避免突然改变体位，造成立位性低血压。

5. 在床尾悬挂跌倒危险标记，提示老年人有跌倒的危险性。

6. 尽量将老年人安置在距离护理人员工作台较近的房间，便于观察与护理。

7. 意识不清、躁动者应采取适当保护性约束，但应注意经常检查约束部位的皮肤，避免造成损伤。

（二）预防噎食

1. 严密观察老年人病情和药物不良反应。

2. 给予软食，必要时流质半流质饮食，避免带骨、刺的食物。

3. 加强饮食管理，对抢食、暴食者做好饮食控制，单独进食。

4. 对慢性阻塞性疾病的老年人，及时清理呼吸道，必要时给予吸痰。

（三）预防压疮

1. 全面而持续地评估压疮的风险是控制压疮发生的前提。

2. 详细评估记录身体各部位皮肤情况及危险因素，进行动态观察，严格床头交接班。

3. 间歇性解除压力是有效预防压疮的关键，定时改变体位，定时翻身（如每隔 2 小时），避免拖、拉、拽、推。建立翻身卡。

4. 保持老年人皮肤和床单的清洁干燥，衣服应柔软、平整、无皱褶。

5. 注意加强营养，保持老年人营养均衡。

（四）预防走失

1. 详细了解老年人情况，对重点老年人重点观察。

2. 做好安全管理工作，经常巡视房间，将有走失风险的老年人置于服务人员视线内。

3. 严格交接班，做好重点记录。

4. 加强对老年人的认知功能评估，在养老机构增设门禁系统，有条件的给入住老年人使用穿戴定位设备。

第三章 医疗护理服务

《养老机构服务质量基本规范》相关内容（GB/T 35796—2017）

5.6 医疗护理服务

5.6.1 服务内容

医疗护理服务内容包括但不限于：常见病多发病诊疗、健康指导、预防保健、康复护理、院内感染控制。

5.6.2 服务要求

5.6.2.1 应对有需要的老年人提供护理服务，包括但不限于：翻身、叩背、尿管管理。

5.6.2.2 应指导老年人使用机构提供的康复辅助器具，包括但不限于轮椅、助行器。

5.6.2.3 应遵医嘱使用约束用具，并与相关第三方签署知情同意书，按操作规范执行。

5.6.2.4 老年人突发疾病时，应及时与相关第三方联系，不能处置的，应立即联系医疗救护机构，并协助做好老年人转诊转院工作。

5.6.2.5 应按照老年人评估结果，签订相应的服药管理协议；提供服药管理服务时，工作人员应核对处方和药品，按照医疗卫生相关部门的规定进行药品发放。

5.6.2.6 应组织老年人开展健康体检，每年不少于1次。

5.6.2.7 老年人Ⅱ度及以上压疮在院新发生率应低于5%。

5.6.2.8 养老机构内设医疗机构，应做到：

a）按照内设医疗机构核准登记的诊疗科目开展诊疗活动；

b）观察老年人生命体征、病情变化、体重变化；

c）开展医疗巡视，发现老年人出现病情变化，做出相应处理；

d）对老年人常见慢病进行监测及健康指导；

e）进行老年人保健和传染病的预防，定期开展卫生知识宣教工作。

一、医疗护理常见技术

（一）生命体征测量

1. 备齐用物，向老年人解释，征得同意。

2. 洗手。

3. 测体温：解开上衣，擦干腋下汗液。将体温计水银端放于腋窝紧贴皮肤曲臂夹紧，10 分钟后取出，平视读数。

4. 测脉搏：协助老年人手臂放松，手臂向上，护理员将食指、中指、无名指的指端放在老年人的桡动脉表面，计数 1 分钟。

5. 测量呼吸：测量脉搏后手仍然按在老年人手腕上，观察老年人的腹部或胸部的起伏，一呼一吸为一次，计数 1 分钟。

6. 测量血压：协助老年人取卧位或坐位（被测肢体肱动脉、心脏及血压计零点处于同一水平位置，坐位时平第四肋，卧位时平腋中线）。打开血压计开关，正确捆绑袖带于测量部位（袖带下沿距肘窝 2~3 厘米，松紧度放一指，听诊器置于肱动脉搏动处，充气后均匀放气，第一声搏动所指数值为收缩压，突然减弱或消失为舒张压。

7. 及时记录所测四项数据，如有异常及时报告医生和主管。

8. 安置好老年人，整理用物。

（二）体重测量

1. 备齐用物，布置好称重环境，向老年人解释，征得同意。
2. 校对体重计。
3. 一至两名护理员协助老年人站到体重计上。
4. 老年人站稳后，读取体重计指数。
5. 安置好老年人，及时记录体重数值。
6. 整理用物，移走体重计。
7. 对卧床或使用轮椅的老年人，应用专门的称重设备进行称重。

（三）热水袋使用

1. 备齐用物，向老年人解释，征得同意。
2. 洗手。
3. 测水温（不超过 50℃），一手持热水袋袋口边缘，另一手将热水灌至约 1/2 位置，排除热水袋内气体，拧紧袋口塞子。
4. 擦干热水袋表面的水渍，倒提热水袋，检查有无漏水，套好布套。
5. 将热水袋放入老年人所需部位（足下或身旁），距离局部皮肤 10 厘米。
6. 为老年人整理好盖被，做好记录，定期观察。

（四）一般冰袋使用

1. 备齐用物，向老年人解释，征得同意。
2. 洗手。
3. 取小冰块适量，用水冲去冰棱角，将冰块及少量的水装入冰袋约 1/2 或 2/3 位置。
4. 排除袋内气体，夹紧袋口，擦干水渍，倒提检查有无漏水，套好布套。
5. 将冰袋置于所需部位，如降温则置于老年人头部及颈部、腋下、腹股沟处等，局部垫干毛巾。
6. 观察冷疗效果及局部皮肤情况，询问老年人感受，降温后 30 分钟测体温，遇老年人畏寒应及时撤除冰块。

7. 整理用物，记录。

（五）化学冰袋使用

1. 备齐用物，向老年人解释，征得同意。

2. 洗手。

3. 取出冷冻的化学冰袋用两层干毛巾包好。

4. 将化学冰袋置于所需部位，如降温则置于老年人头部及颈部、腋下、腹股沟处等。

5. 随时观察化学冰袋有无漏水，毛巾湿后应立即更换，冰融化后应立即更换。

6. 注意观察冷疗效果及局部皮肤情况，询问老年人感受，降温后 30 分钟测体温，遇老年人畏寒应及时撤除化学冰袋。

7. 整理用物，记录。

（六）一般服药流程

1. 洗手。

2. 准备药物及温开水，向老年人解释，征得同意。

3. 服药前要核对药品外盒上老年人姓名、药名、用法与剂量等，并检查药品是否受潮、变色等，帮助按医嘱服药（或家属要求自备药品），不得擅自选药或更改药品给老年人服用。

4. 服药时用不少于 100 毫升的温开水送服，不可用茶、牛奶、豆浆等送服药物。

5. 协助老年人服药后，应认真检查老年人口腔，证实药已咽下（特别是为失智老年人服药时），确认无余下药物后方可离开。

6. 用药后应注意有无不适反应，如有不适及时向专业医护人员汇报，老年人无法服药或拒绝服药时，也应及时向专业医护人员汇报并告知家属，做好相关记录。

7. 液体药物应摇匀药液，避免药物沉淀影响给药浓度，影响服药效果。

8. 提醒老年人按时服药或协助喂药，对意识不清醒的老年人须将药物研碎后用水调匀喂服或用鼻饲管喂服。

9. 整理用物，记录。

（七）药物研末鼻饲方法

1. 洗手。

2. 准备用物：查对药物并研碎，毛巾、温水约 100 毫升、灌注器、记录单。

3. 向老年人解释，征得同意，协助老年人取舒适体位，采取坐位、半坐位。

4. 老年人颌下垫毛巾。

5. 检查鼻饲管固定是否完好，是否符合标记长度。

6. 检查鼻饲管是否在胃内，可抽取胃液，确定在胃内。

7. 用灌注器抽取 20 毫升温开水缓慢注入胃内，盖好管末端盖帽。

8. 用温水 10 毫升浸泡研碎的药物，用灌注器抽取。

9. 打开鼻饲管盖帽并连接，缓慢推注，以 10~13 毫升/分钟速度为宜。

10. 灌注完毕，再注入温开水冲洗胃管。

11. 盖好胃管末端并包好。

12. 整理用物，洗手，记录。

（八）滴眼药使用

1. 检查药品名称、用法及是否过期、混浊和变色。

2. 洗手。

3. 向老年人解释，征得同意。

4. 用清洁毛巾洗净眼部，观察眼睛情况。

5. 取坐位或仰卧位，坐位时背靠椅背或床头，头后仰，颈肩部垫软枕。

6. 滴入眼药。护理员站在老年人右侧，左手拇指和食指轻轻分开上下眼睑，右手持眼药水距离眼睑 1~2 厘米，嘱老年人眼睛向上看，将药液滴入眼睑和眼球之间的间隙（下穹窿）1~2 滴。

7. 将上眼睑轻轻提起后松开，轻轻闭眼，同时按压内眦（内眼角稍下方）

2~3 分钟。

8. 用毛巾或纸巾擦干面部外溢的药水。

9. 整理用物，洗手，记录。

（九）滴耳药使用

1. 查对药名及用法，检查药液是否过期、变色、沉淀、有异味。

2. 向老年人解释，征得同意，洗手。

3. 用消毒棉签清洁外耳道，观察外耳道情况。

4. 侧卧位，患耳向上；或坐位，头侧向对侧肩部。

5. 将药液滴入耳内（一手将老年人的耳廓向后上方牵拉，使耳道变直，另一手持滴耳药将药液顺外耳道壁滴入 3~5 滴）。

6. 滴药后按压耳屏数次，保持原位数分钟。

7. 用毛巾或纸巾擦干面部外溢的药水。

8. 整理用物，洗手，记录。

（十）滴鼻药使用

1. 查对药名及用法，检查药液是否过期、变色、沉淀、有异味。

2. 向老年人解释，洗手。

3. 用消毒棉签湿润后，清洁鼻孔，观察鼻腔情况。

4. 平卧位或坐位，老年人头后仰。

5. 将药液 3~4 滴滴入一侧鼻孔内，同法将药液滴入另一侧鼻孔，然后护理员用拇指与食指轻轻对捏老年人鼻子 2~3 次，使药液均匀布于鼻腔。

6. 用毛巾或纸巾擦干鼻、面部外溢的药水，注意观察用药情况。

7. 整理用物，洗手，记录。

（十一）皮肤外用药涂擦

1. 查对药名及用法，检查药液是否过期、变色、沉淀、有异味。

2. 向老年人解释，洗手。

3. 用消毒棉签湿润后，清洁皮肤表面，用消毒干棉签擦干用药局部皮肤。

4. 用棉签蘸取药液或药膏均匀涂于皮肤表面，必要时用消毒纱布覆盖或包裹。

5. 嘱咐老年人勿用手指或其他物品触及用药局部，保持患处皮肤清洁。

6. 整理用物，洗手，记录。

（十二）经鼻胃管置入操作

1. 用物准备：一次性胃管、一次性手套、弯盘、止血钳（镊子）、治疗盘、纱布、棉签、胶布、生理盐水、20~50 毫升注射器、清水、石蜡油棉球、听诊器、治疗巾、快速手消毒液（有条件的情况下准备）。

2. 着装整齐，携用物至床旁，站在老年人的右侧，核对姓名，取得老年人的配合。

3. 洗手。

4. 抬高床头 30~45 度，有活动假牙者取出假牙。

5. 将治疗巾垫于颌下，弯盘置于口角旁，撕胶布备用。

6. 检查鼻腔，选择合适的鼻孔用棉签清洁。

7. 检查一次性胃管的有效期，打开包装。

8. 戴一次性手套，取胃管，测量胃管插入长度，成人插入长度为 45~55 厘米。测量方法：一是从前额发际至胸骨剑突的距离，二是由鼻尖至耳垂再到胸骨剑突的距离，并用石蜡油棉球润滑胃管前端 10~15 厘米。

9. 持止血钳夹住胃管送入鼻腔。

10. 至咽喉部时（约 10~15 厘米），嘱咐老年人做吞咽动作，随之迅速将胃管插入。

11. 插入适当深度后确认胃管是否在位（胃管末端置于盛水的治疗碗内，无气泡逸出；胃管末端连接注射器，抽吸胃液；置听诊器于胃区，向胃内注入 10 毫升空气，听气过水声）；摘手套。

12. 用胶布将胃管分别固定在鼻翼两侧及脸颊一侧，将胃管末端反折，用纱布包好，撤治疗巾并做登记。

13. 注入少量温开水，交代注意事项。

14. 整理用物。

15. 洗手，做好记录。

注意事项：

1. 三种验证胃管在位的方法及顺序：胃管末端置于盛水的治疗碗内，无气泡逸出；胃管末端连接注射器，抽吸胃液；置听诊器于胃区，向胃内注入10毫升空气，听气过水声。

2. 若在插胃管过程中，老年人出现恶心，应立即暂停片刻。如出现咳嗽、呼吸困难、紫绀等情况，表示误入气管，立即拔出，休息片刻后重新插入。给昏迷老年人插胃管时，应先撤去枕头，头向后仰，当胃管插入15厘米时将老年人头部托起使下颌靠近胸骨柄，以增大咽部通道的弧度。

3. 注意观察胃管有无使老年人呛咳、有无盘在口腔内、有无呕吐物误吸。

4. 注意观察胃液的性质、颜色及量。

（十三）鼻胃管进食（鼻饲）

1. 洗手。
2. 准备用物：鼻饲饮食、毛巾、温水约100毫升、灌注器、记录单。
3. 向老年人解释，协助老年人取舒适体位，采取坐位、半坐位。
4. 老年人颌下垫毛巾。
5. 检查鼻饲管固定是否完好，是否符合标记长度。
6. 检查鼻饲管是否在胃内，可抽取胃液，确定在胃内。
7. 用灌注器抽取20毫升温开水缓慢注入胃内，盖好管末端盖帽。
8. 测试鼻饲饮食的温度（38~40℃），在掌部内侧皮肤感到温热不烫为好。
9. 抽取鼻饲饮食打开鼻饲管盖帽并连接，缓慢推注，以10~13毫升/分钟速度为宜。
10. 每次注食量不超过200毫升，灌注毕，再注入温开水冲洗胃管。
11. 盖好胃管末端并包好，每次灌注间隔至少2小时。
12. 保持鼻饲时体位30分钟后恢复平卧位。避免鼻饲液返流、误吸。
13. 整理用物，洗手，记录。

（十四）叩背拍痰

1. 秋冬季或天气恶劣的情况下关好门窗，冬天调节室温至 22~24℃，夏天调节室温至 26~28℃。

2. 洗手。

3. 向老年人解释，征得同意。

4. 协助取坐位或侧卧位，操作者站于老年人背侧，一手扶老年人胸肩部，一手叩背。

5. 手固定成背隆掌空状态，有节奏地自下而上、由外向内叩打背部 3 分钟左右。

6. 指导老年人有效咳嗽，鼓励多饮水。

7. 安置老年人于舒适卧位，整理床单位，洗手。

（十五）尿管护理

1. 秋冬季或天气恶劣的情况下关好门窗，冬天调节室温至 22~24℃，夏天调节室温至 26~28℃。

2. 洗手。

3. 向老年人解释，征得同意，用屏风或布帘遮挡。

4. 注意尿管留置时间，观察尿液颜色、性状和尿量。

5. 会阴护理每日两次。

6. 更换尿袋：常规消毒尿管与尿袋接口两遍，垫无菌纱布于连接处，更换新尿袋。

7. 妥善固定尿管及尿袋，保持尿管通畅。

8. 尿袋的高度不能高于膀胱，及时放出引流尿液。

9. 安置老年人于舒适卧位，整理床单位，洗手，记录更换尿管时间和每日出入液体量。

（十六）简易通便法（使用开塞露）

1. 秋冬季或天气恶劣的情况下关好门窗，冬天调节室温至 22~24℃，夏天调节室温至26~28℃。

2. 洗手。

3. 向老年人解释，用屏风或布帘遮挡。

4. 松裤带，裤子褪至臀下，协助左侧屈膝卧位。

5. 准备开塞露或甘油栓（取下开塞露瓶盖，无盖的剪去头端，挤出少量液体润滑开口处。如使用甘油栓则剥去外包装，用清水浸湿润滑）。

6. 将开塞露或甘油栓插入肛门，具体操作规范是：戴手套，用手分开老年人臀部露出肛门，一手将开塞露插入，挤入全部药液，退出开塞露瓶。如是甘油栓则捏住底部，细端朝内插入肛门3~4厘米。

7. 清洁肛门，保留5~10分钟，协助排便。

8. 整理用物，洗手。

（十七）灌肠

1. 秋冬季或天气恶劣的情况下关好门窗，冬天调节室温至22~24℃，夏天调节室温至26~28℃。

2. 洗手。

3. 向老年人解释，用屏风或布帘遮挡。

4. 松裤带，裤子褪至臀下，协助左侧屈膝卧位。

5. 将灌肠袋挂于架子上，高度约40~60厘米。

6. 戴一次性手套。灌肠袋连接肛管，润滑肛管前端，排尽管内气体，夹管插入肛管（一手分开老年人臀部露出肛门，一手将肛管插入直肠10厘米左右，固定肛管，开放管夹，使液体缓缓流入）。

7. 滴毕夹管，用卫生纸包裹肛管轻轻拔管，擦净肛周。

8. 保留5~10分钟后协助排便。

9. 整理用物，洗手。

（十八）皮肤护理（压疮预防）

1. 洗手，戴口罩。

2. 准备用物：大毛巾、气圈或软枕、45~50℃热水、润肤霜或身体精油、

50%酒精（必要时准备）、红花油（必要时准备）。

3. 向老年人解释，征得同意，用屏风或布帘遮挡。

4. 翻身擦背：协助老年人侧卧或俯卧，暴露背部，用热水擦背两次。

5. 定时变换老年人体位，约每 2 小时为老年人翻身一次，定时翻身是预防压疮最有效的办法。

6. 如果老年人皮肤健康（未破损且未受挤压），可进行适度按摩，促进血液循环，具体按摩方法如下：

（1）用手掌蘸少许 50%酒精（或润肤霜、精油、红花油），以手掌大小鱼际肌，从臀部上方沿脊柱两旁向上按摩，至肩部时，稍用力环形按摩，再向下至腰、骶部。

（2）用拇指指腹蘸少许 50%酒精（或润肤霜、精油、红花油），由骶尾部开始沿脊柱按摩至第七颈椎受压处局部按摩。

（3）用手掌的大小鱼际肌，蘸少许 50%酒精（或润肤霜、精油、红花油），紧贴皮肤按摩。

（4）按摩毕，用软毛巾擦去皮肤上的酒精（或润肤霜、精油、红花油）。

7. 骨突出部位，如：足踝、骶尾部、枕部等须用气圈或软垫垫好。

8. 协助老年人穿好衣服，拉平床单，安置老年人于舒适体位。

9. 整理用物，洗手，记录。

10. 加强对老年人压疮风险因素的评估，针对风险因素进行护理，改善老年人的皮肤状况。

二、失智老年人护理服务

（一）日常生活照料

1. 饮食与营养。

（1）均衡的饮食。固定作息时间，制作作息时间记录板。

（2）避免混乱。光线充足、安静的进餐环境，餐具、食物简单化，减少老年人的困扰和分心。

（3）促进舒适。进餐前协助老年人上厕所，检查假牙是否安装妥当，食物温度是否适宜，食物软硬适中，做好进餐的防护。

2. 个人卫生。

（1）依据既往的洗澡习惯，定时协助老年人洗澡，包括时间、洗澡习惯、协助者等相对固定。

（2）衣柜中只放当季的衣服，将搭配衣服放置在一起。

（3）选择穿着简单、舒适、易于穿脱的衣服。

（4）每日定时进行口腔清洁，根据老年人认知和自理情况，选择提醒、提供分解动作指令、完全协助清洁口腔的不同方法。

（5）评估大小便有无行为异常，视情况给予针对性照护，养成定时大小便的习惯。

3. 活动与休息。

（1）确保失智老年人活动中的安全。

（2）预防走失、跌倒。

（3）夜间睡眠时开夜灯，睡前排尿。

（二）异常行为护理

1. 重复行为。

（1）老年人出现重复行为：同样问题重复说、重复出现。

（2）保持冷静和耐心，注意老年人情绪，给予回复。

（3）安排活动，转移老年人注意力，可以利用记忆辅助工具，如日历、相片、老年人个人物品。

（4）接受和引导：如果重复行为没有危害，可顺其自然，并注意观察。

（5）进行个案记录，必要时上报楼层护理主管，寻求家属、医护人员支持。

2. 错认行为。

（1）老年人出现错认行为：无法认清熟悉的人、地方和物品。

（2）保持冷静和耐心，不要评判对错。

（3）回应或提醒：简单进行解释，不用勉强要求老年人必须明白发生什么，分辨对错。

（4）接受和引导：如果老年人真无法想起来，在老年人不受伤害前提下可顺其自然。

（5）进行个案记录，必要时上报楼层护理主管，寻求家属、医护人员支持。

3. 妄想和猜忌行为。

（1）老年人出现妄想猜忌行为：他人行窃、亲人/护理员身份冒充、他人加害等。

（2）保持冷静和耐心：如果状况允许进行倾听。

（3）通过失智老年人照护小组对老年人的了解，从老年人生活史、物理环境、人文环境、照护者、老年人自身精神健康情况角度，分析老年人的行为原因。

（4）接受和引导：安慰老年人，帮助老年人回忆，转移老年人注意力。

（5）进行个案记录，必要时上报楼层护理主管，寻求家属、医护人员支持。

4. 幻想和错觉行为。

（1）老年人出现幻觉（幻听、幻视、幻触）和错觉。

1）看见不存在的人。

2）看见可怕的事物，如鬼怪、动物。

3）听到别人议论自己。

4）感觉自己被人触碰。

（2）保持冷静和耐心：如果状况允许进行倾听。

（3）通过失智老年人照护小组对老年人的了解，从老年人生活史、物理环境、人文环境、照护者及老年人自身精神健康情况角度，分析老年人的行为原因。

（4）接受和引导：安慰老年人，陪伴老年人适应改变的环境状况（噪声、光线、镜子)，转移老年人注意力，寻求家人帮助。

（5）进行个案记录，必要时上报楼层护理主管，寻求家属、医护人员支持。

5. 跟脚行为。

（1）老年人出现跟脚行为：跟着护理人员行走。

（2）保持冷静和耐心，与老年人交谈给老年人安全感。如果条件允许，可安排老年人坐在视线范围内，如坐在护理站周围。

（3）接受和引导：寻找可给老年人带来安全感的物件，如毛绒玩具、音乐盒等。

（4）进行个案记录，必要时上报楼层护理主管，寻求家属、医护人员支持。

6. 激越行为。

（1）老年人出现激越行为。

1）明显的紧张、不安、烦躁、易怒。

2）过度坐立不安，到处走动。

3）过度挑剔、争吵、哭喊。

4）撕扯、毁坏物品。

5）随地大小便。

6）裸露身体。

（2）保持冷静和耐心。

（3）通过失智老年人照护小组对老年人的了解，从老年人生活史、物理环境、人文环境、照护者及老年人自身精神健康情况角度，分析老年人的行为原因。

（4）接受和引导：在保证自身安全的前提下，尝试转移老年人注意力，让老年人放松。同时，上报护理主管采取相应措施。

（5）进行个案记录。

7. 游荡行为。

（1）老年人出现游荡行为。

（2）保持冷静和耐心。

（3）通过失智老年人照护小组对老年人的了解，从老年人生活史、物理环境、人文环境、照护者及老年人自身精神健康情况角度，分析老年人的行为原因。

（4）接受和引导：尝试转移老年人注意力，让老年人放松，尽量引导老年人返回房间。如果无法劝导，则注意防止老年人摔倒、走失。

（5）进行个案记录，必要时上报楼层护理主管，寻求家属、医护人员支持。

三、护理服务工作制度

（一）24 小时生活照料及护理服务流程

各养老机构可根据实际情况适当调整。

6：00—7：00：晨间护理

1. 护理员协助（帮助）老年人起床、盥洗，开窗通风，整理床铺。

2. 细心观察老年人起床后的情绪、体温、肢体活动等情况，发现问题及时汇报。

3. 根据职责分工，打扫老年人房间及负责区域卫生，打开水到房间。

7：00—7：30：晨练

1. 看护老年人，与老年人聊天，进行沟通，做手指操等简单活动。

2. 天气许可的条件下，带老年人至户外进行散步活动。

3. 对有需求老年人按照医生要求进行康复训练。

4. 做餐前准备，餐桌清洁，服用餐前药品。

7：30—8：00：早餐

1. 按照老年人正常饮食量及饮食习惯为老年人分发早餐，杜绝浪费。

2. 对有餐前注射胰岛素或服用药物的老年人进行提醒或协助（帮助）。

3. 协助（帮助）老年人用早餐。

4. 对有需求老年人进行餐中护理、看护服务。

5. 对鼻饲老年人安排专人负责按技术操作规范注入早餐。

6. 在进餐过程中，要细心观察每一位老年人的进餐状况，发现异常现象，马上向老年人询问原因，做出正确处理。

7. 提醒、协助（帮助）餐后用药老年人正确、按时服用。

8. 老年人用餐后按照职责清理老年人用餐后的房间卫生及就餐区卫生。

8：00—9：30：自由活动

1. 按交接班制度做好夜班、白班交接，重点老年人床前交接，医护查房，每周一联合查房。

2. 老年人自由活动时间，可进行饭后散步，或在房间休息、聊天、看电视。

3. 对老年人提供所需服务内容，做好登记、清点工作。

4. 做好文娱活动的准备工作。

9：30—10：00 康复训练

根据康复训练计划，协助（帮助）老年人进行康复功能训练。

10：00—10：30：休闲娱乐活动

1. 组织老年人参加社工人员安排的各项文娱康乐及户外散步活动（卧床老年人视身体状况安排适当活动）。

2. 老年人随个人意愿和身体状况选择参与活动内容，不超负荷，不做剧烈活动，以锻炼身体、促进身体和思维运动为目的，护理人员要做相应协助（帮助）。

3. 活动过程当中随时观察老年人身体健康状况，防止意外发生。

4. 分发上午加餐，协助老年人饮水。

10：30—11：30：自由活动

1. 协助（帮助）老年人回房休息，饮水，进食少量水果。

2. 陪同有需求老年人聊天、看电视。

3. 帮助不能自理老年人回房间或翻身更换尿垫（纸尿裤）。

4. 按职责为老年人做餐前准备，餐桌清洁，服用餐前药。

11：30—12：00：午餐

老年人午餐同早餐服务要求。

12：00—14：30：午睡

1. 按照分工收拾老年人午餐后的房间、分餐间及就餐区的卫生。

2. 组织老年人午睡；打开水到房间。

3. 巡视老年人午睡情况，纠正老年人睡姿，处理发生的问题。

4. 对卧床老年人随时翻身、更换尿垫和纸尿裤。

14：30—15：00：起床、盥洗

老年人午睡起床、盥洗，服务流程及要求同早晨起床。

15：00—15：30：休闲娱乐活动

根据康复训练计划，协助（帮助）老年人进行康复功能训练。

15：30—16：00：休闲娱乐活动

1. 休闲、娱乐、活动时间，服务流程及要求同上午休闲、娱乐、活动。

2. 分发下午加餐，为老年人提供饮水服务。

16：00—17：30：自由活动

1. 协助（帮助）老年人回房休息，饮水，进食少量水果。

2. 陪同有需求老年人聊天、看电视。

3. 每天为老年人泡脚，每周洗澡，每半月清洗床单被罩，每周洗衣服。

4. 帮助半自理老年人回房间，卧床老年人翻身叩背，更换尿垫（纸尿裤）。

5. 按职责为老年人做好餐前准备，餐桌清洁，服用餐前药。

17：30—18：00：晚餐

老年人晚餐同午餐服务要求。

18：00—20：00：自由活动

1. 按照职责清理老年人晚餐后的房间、分餐间及就餐区的卫生。

2. 老年人机构内散步，不允许剧烈活动或外出活动。

3. 为各房间老年人送开水。

4. 按规定填写各种护理记录，记录全面准确。

5. 为卧床老年人用温水擦洗胸部、背部、腿部。

20：00—次日 6：00：晚间护理、睡眠

1. 按交接班制度做好白班、夜班交接，重点老年人床前交接。

2. 按照护理级别要求协助（帮助）老年人洗手、洗脸、刷牙，做好睡前准备。

3. 协助（帮助）老年人服睡前药物（如有需要）。

4. 保证老年人睡眠。

5. 随时观察每位老年人的睡眠情况，按要求约每隔2小时巡视一次，发现问题及时汇报医生和护士，认真填写巡视记录。

6. 每两小时为卧床老年人翻身一次，夜间不叩背，受压受损处禁忌按摩。

7. 随时更换尿袋，清洁尿道口分泌物。

（二）护理人员交接班制度

1. 参加交接班人员：白班和夜班护理人员。

2. 交接班工作要求。

（1）值班人员必须坚守岗位，履行职责，保证各项工作准确、及时、连贯地执行，保证全机构入住老年人的照护安全；在接班者未到之前，交班者不得离开岗位。

（2）值班者必须在交班前完成本班的各项工作，应填好本楼层交班报告及各项护理记录（具体模板见表3—1、表3—2、表3—3），报告及护理记录填写要求客观、真实、及时、完整、准确，字迹整齐、清晰，内容简明扼要、有连贯性；用过的物品分别放置，备齐护理车内各项用品；清理护士站（护理人员工作台）的卫生。

表3—1　　老年人入住情况统计表（样表）

年　　月

序号	姓名	1日	2日	3日	4日	5日	6日	7日	8日	9日	10日	请假天数	主要原因	实住天数	备注
1															
2															
3															
4															
5															
6															

表 3—2　　护理记录单（模板）

老人姓名：　　性别：　　年龄：　　房间号：　　护理级别：

日期	记录内容	签名
月　日		
月　日		
月　日		
月　日		
月　日		
月　日		
月　日		
月　日		

（3）每班必须按时交接班，接班者应提前 30 分钟到护士站（护理人员工作台），参加晨会（各班次交班报告会）；清点应接物品、药品；接班者未接清楚之前，交班者不得离岗，遇有特殊情况，须做详细交代与接班者共同处理完成后方可离岗。

（4）交班人员必须能够熟练地报告当班楼层所有入住老年人状况、流动情况及是否有特殊病情变化；每日晨会中，楼层主管布置当日工作重点，提出应注意改进的问题，一般不超过 15 分钟。

（5）对定位、定数放置的血压计、手电筒等物品应当面交接清楚并签字登记，由楼层主管和值班主管交接并确认签字；数目不符时必须查清原因，及时补充。

（6）凡在交接班过程中发现的问题由交班者负责，接班后发现的问题由接班者负责。

（7）交接班时，由值班护理人员重点报告新入住老年人的健康评估情况，说明须特护、全护、介护及须监测血糖、携带生命体征测量仪的老年人；对特殊情况（生日、请假等）的入住老年人及相应的护理措施及方法做详细的交接。值班护理人员做好交班记录，对重症老年人重点交接、床头交接。

表 3—3 **体温单**

科别________ 床号________ 门诊号________

姓名________ 性别 年龄 岁 诊断 住院号________

日期								
住院天数								
手术日期								
时间	3 7 11 3 7 11	3 7 11 3 7 11	3 7 11 3 7 11	3 7 11 3 7 11	3 7 11 3 7 11	3 7 11 3 7 11	3 7 11 3 7 11	

呼吸	脉搏	温度								华氏
		41.0								105.8
										104.9
										104.0
	180	40.0								
										103.1
	160	39.0								102.2
										101.3
	140	38.0								100.4
										99.5
	120	37.0								98.6
										97.7
50	100	36.0								96.8
										95.9
40	80	35.0								94
30	60	34.0								
20	40									
10										

大便（次）								
小便（次）								
出水量（mL）								
入水量（mL）								
体重（kg）								
血压（mmHg）								
药物过敏								

3. 交接班主要内容。

（1）入住老年人总数，请假、销假、离开机构、死亡人数以及新入住、重危、有特殊状况的老年人状态变化及思想情绪波动。

（2）医嘱执行情况，护理记录，各种检查标本采集以及处理情况，各种基础护理和医疗护理的完成情况，以及尚未完成的工作情况。

（3）查看昏迷、瘫痪等危重老年人有无压疮，基础护理完成情况，各种导管固定和通畅情况。

（4）常备药品及抢救药品、器械、仪器的数量、技术状态等，交接班者均应签全名。

（5）交接班者共同巡视检查房间是否达到清洁、整齐、安静的要求以及各项工作的落实情况。

（三）护理人员值班岗位制度

1. 养老机构实行 24 小时/天、365 天/年的值班制度。值班期间按照各项日常工作的护理程序要求，完成各项基础护理、医疗护理、安全工作及各项护理文件的书写。

2. 阅读护理人员《交班报告本》、新入养老机构老年人的《能力评估报告》《入住老年人服务计划》等。查看护理记录，重点关注患有高血压、糖尿病等慢性疾病的老年人，所属楼层入住老年人的人数，以及需要特护、全护、介护等老年人的情况。

3. 处理并执行临时医嘱以及老年人白天、夜间的各项护理工作。帮助老年人按时就寝，督促探视者按时离开养老机构。

4. 根据护理级别，按时巡视老年人的房间，观察老年人睡眠情况，确保突发状况时，第一时间发现并针对个案采取相应措施，做好后续评估工作。对有病情变化的老年人，及时向养老机构值班医生和护士反映；必要时，在值班医生的建议下，及时通知养老机构有关领导和家属（意定监护人），由值班护理人员负责与各部门联系做好夜间老年人的送诊、转诊等工作，并做好各项记录。

（四）养老机构老年人外出请假制度

1. 老年人外出时，必须向养老机构履行请假手续（具体模板见表 3—4、表 3—5）。

表 3—4　　养老机构老年人外出请假单

（第一联：护士站/护理人员工作站留存）

姓名		性别		年龄		房间号	
陪同人员姓名			电话		与老年人关系		
请假事由					预计返回时间		
离开时间（楼层护士站/护理人员工作站）			经办人（护理人员）				
			通知保安员姓名				
返回时间（楼层护士站/护理人员工作站）			经办人（保安员）				
			经办人（护理人员）				
签署自行请假外出协议					签署家属陪同请假外出协议		
请假外出通知确认人姓名					确认方式及时间		
备注：							

表 3—5　　养老机构老年人外出请假单

（第二联：保安留存）

姓名		性别		年龄		房间号	
陪同人员姓名			电话		与老年人关系		
请假事由					预计返回时间		
离开时间（楼层护士站/护理人员工作站）			经办人（护理人员）				
			通知保安员姓名				
返回时间（楼层护士站/护理人员工作站）			经办人（保安员）				
			经办人（护理人员）				
签署自行请假外出协议					签署家属陪同请假外出协议		
请假外出通知确认人姓名					确认方式及时间		
备注：							

2. 自理老年人请假外出，必须经值班护理人员提出、当班领导批准，养老机构人员与其亲属须保持电话联系，确保双方掌握老年人离院、到达和返回

养老机构的时间，必要时请其亲属接送。

3. 介助、介护老年人请假外出一律由其亲属来养老机构接送。

4. 外出老年人经批准外出前，应当由护理人员交代注意事项，返回后必须及时向值班护理人员、当班领导销假。

5. 老年人外出期间发生的一切事情，一律由接送老年人的亲属或委托方负责，养老机构不负任何责任。

（五）应用保护性约束告知制度

保护性约束是指在医疗护理过程中，护理人员针对入住老年人病情的特殊情况，对其紧急实施的一种强制性的最大限度限制老年人行为活动，预防老年人自伤、误伤、拔管，保证医疗护理措施有效实施的一种保护性措施。对老年人应用保护性约束，必须有医嘱方可进行。

1. 根据入住老年人身体状况对老年人实施保护性约束，如出现以下情况：各类插管、引流管，有认知障碍，护理不配合以至于影响护理工作正常进行时酌情使用。

2. 对老年人需实施保护性约束时，应提前告知老年人家属（意定监护人），说明保护性约束的目的和必要性，取得家属（意定监护人）的理解和配合。

3. 注意做好约束处皮肤的护理，防止不必要的损伤。在约束局部加毛巾垫或软垫进行保护，每小时松解约束用具一次，并定时翻身，对健康皮肤进行适度按摩，促进局部血液循环；护理员应将老年人肢体处于功能位置，并保证老年人的安全和舒适。

4. 对有必要采取保护性约束，但家属（意向监护人）不同意的老年人，则需要老年人家属（意向监护人）签字注明，由此发生的意外后果自负，养老机构不承担责任。

5. 对需要使用保护性约束的老年人，按常规进行能力评估。

6. 老年人家属及意定监护人签署《保护性约束使用知情同意书》后，方可对老年人应用保护性约束（具体模板见表1—5）。

（六）药品管理制度

养老机构药品管理，分老年人自带药品管理和养老机构常备药品管理。

1. 老年人自带药品管理。

（1）老年人的自带药品应有固定的、集中的存放地点，如药架、药柜或药箱等，药品须置于通风、干燥处，避免阳光直射，保持清洁，定期检查药品质量，确保安全。建议每个老年人有一个小药箱或盒子等，上面标明老年人姓名，以免混淆。特殊药物应上锁并做好记录。

（2）根据药品不同性质，分别保存，遇热易破坏的生物制品、抗生素等应冷藏，如胰岛素应冷藏于2~10℃的冰箱内（有条件的，可增设专门医用冰箱，药品须与食物分割放置，以免影响药效）。

（3）内服药与外用药要分开存放，以免用错。

（4）保持药品的外包装盒标签、药品名称、功效、用法、规格、剂量、有效期等信息完整、清晰；每日清点并记录，检查药品，防止积压、变质，如发现有沉淀、变色、过期、标签模糊时，立即停止使用并报上级主管处理，以保证老年人用药安全。

（5）老年人的自带药品由护士站（护理人员工作站）统一保管，并做好服药记录（具体模板见表3—6）。

（6）老年人服药须按医嘱服药到口，并由执行护士（护理员）签全名，不允许老年人私自携带无处方药品及服用，如擅自携带和服用，后果自负，养老机构不承担任何责任。

（7）毒、麻药的管理要求（针对患有癌症的入住老年人）。

1）毒、麻药品只能按医嘱严格使用，其他人员不得私自取用、借用。

2）设保险柜存放，专人管理，严格加锁，每班交接班时，必须清点，签全名。

3）给老年人注射后，按规定保留空药瓶。

4）建立毒、麻药使用登记本，注明使用者的房间号、姓名、使用药名、剂量、使用日期、时间，护士签全名。

表 3—6　　　　　　　　　　　　每日服药记录表

过敏史：

老年人姓名：　　　　　　　　床号：　　　　　　　　年　月　日

处方日期	药物名称、剂型及用量	服用次数	服用时间	1	2	3	4	5	6	7	8	9	10	11	12	13	14	15	16	17	18	19	20	21	22	23	24	25	26	27	28	29	30	31
		每天　次	上午　时																															
		每次　粒	上午　时																															
		每次　支	下午　时																															
	药物来源：		下午　时																															
处方日期	药物名称、剂型及用量	服用次数	服用时间	1	2	3	4	5	6	7	8	9	10	11	12	13	14	15	16	17	18	19	20	21	22	23	24	25	26	27	28	29	30	31
		每天　次	上午　时																															
		每次　粒	上午　时																															
		每次　支	下午　时																															
	药物来源：		下午　时																															
处方日期	药物名称、剂型及用量	服用次数	服用时间	1	2	3	4	5	6	7	8	9	10	11	12	13	14	15	16	17	18	19	20	21	22	23	24	25	26	27	28	29	30	31
		每天　次	上午　时																															
		每次　粒	上午　时																															
		每次　支	下午　时																															
	药物来源：		下午　时																															
处方日期	药物名称、剂型及用量	服用次数	服用时间	1	2	3	4	5	6	7	8	9	10	11	12	13	14	15	16	17	18	19	20	21	22	23	24	25	26	27	28	29	30	31
		每天　次	上午　时																															
		每次　粒	上午　时																															
		每次　支	下午　时																															
	药物来源：		下午　时																															
处方日期	药物名称、剂型及用量	服用次数	服用时间	1	2	3	4	5	6	7	8	9	10	11	12	13	14	15	16	17	18	19	20	21	22	23	24	25	26	27	28	29	30	31
		每天　次	上午　时																															
		每次　粒	上午　时																															
		每次　支	下午　时																															
	药物来源：		下午　时																															

2. 养老机构常备药品管理。

（1）养老机构常备药品应与老年人自带药品分开放置，集中放置在专门的药架、药柜或药箱等，以免混淆。

（2）养老机构须定期清点常备药品数量，查看是否过期，有无颜色、性状的改变等，保证药品安全。

（3）养老机构须根据入住老年人的用药需求和生活常用药，及时准备和补充药品（如双氧水、碘伏、创可贴、医用纱布、医用棉签、医用胶布、温度计、风油精、眼药水、云南白药、止血贴、红花油、烫伤膏、红霉素等外用药品；消炎药、止咳药、感冒药、发烧药、过敏药、腹泻药、维生素、藿香正气水、牛黄解毒片、板蓝根颗粒、缓解胃部不适的药、缓解腹胀或消化不良的药、速效救心丸等内服药），以方便老年人使用。养老机构常备药品管理注意事项同老年人自带药品管理。

（4）养老机构常备药品应在专业医护人员的指导下使用和服用，执行医护人员须签字。

（七）护理操作前告知制度

1. 所有护理操作尽量由两名护理人员（必要时须有一名护士）共同完成。

2. 遵医嘱、护嘱，落实各项护理操作前，向老年人及家属讲解该项操作的目的、必要性，以及可能存在的风险。必要时，养老机构要提前与家属（意定监护人）签订《特殊护理操作风险告知书》，如：鼻饲管置入、导尿管插入、气管套管的消毒更换、静脉输液、吸痰术等（具体模板见表 3—7，以鼻胃管插入操作为例）。

表 3—7　　　　鼻胃管插入风险告知书（模板）

老年人姓名：　　　　　　楼层：　　楼　　　　　　房间号： 因老年人年迈且患有多种老年病（脑梗死后遗症、肺炎史、高血压病、低蛋白血症等），器官机能下降、吞咽功能障碍，需留置胃管鼻饲饮食，期间需要定时更换胃管。 留置及更换胃管工作，本应由正规医疗机构操作以确保安全，但为了减少老年人及家属的麻烦，经家属同意，由本养老机构护士帮忙插胃管。由于公寓不属于医疗机构，医疗设施条件有限，无法保证此项服务的安全性，插管过程中可能出现以下情况： 1. 插管不成功； 2. 消化道出血； 3. 误插于气管，或插管刺激，诱发心脑血管疾病突发，如致命性心律失常、脑出血、呼吸心跳骤停等可能。 鉴于以上情况，养老机构为履行告知、知情和同意义务，故予以书面告知。 老年人亲属（意定监护人）签字： 年　　月　　日 养老机构护理部负责人签字： 年　　月　　日

3. 操作前使老年人了解该项操作的程序及由此带来的不适，取得老年人配合。

4. 严格遵照各项操作规程进行，操作中注意语言、行为文明规范。

5. 操作中不得训斥、命令老年人，做到耐心、细心、诚心地对待每一位入住老年人，护士应熟练各项操作技能，尽可能减轻由操作带来的不适及痛苦。

6. 无论何种原因导致操作失败时，应礼貌性道歉，取得老年人谅解。

注意事项：

1. 因为每位老年人的身体状况不同，所患疾病不同，不同的护理操作所带来的风险也不同。所以，不同老年人和不同护理操作，要有不同的风险告知书。

2. 养老机构一般在签订入住协议时，会同时让老年人家属（意定监护人）在相应的风险告知书上签字。因老年人身体情况发生变化而临时增加的风险，须及时通知家属（意定监护人）来签补充风险告知书。

3. 如胃管，如果是新置管，需要家属（意定监护人）知情同意，但是一般更换就不需要，在入住协议里写清楚即可。

（八）个人隐私保护制度

入住老年人具有隐私权，隐私权必须得到保护。由于养老机构工作人员在工作中所处的地位特殊，会主动或被动地了解入住老年人的病史、症状、体征以及个人的习惯、嗜好等隐私。因此，机构工作人员有关心、爱护、尊重公寓内入住老年人和保护老年人隐私的义务，主要包括以下内容。

1. 在查房时，可能对老年人造成伤害情况分析应在室外进行。

2. 老年人的隐私在养老机构内向工作人员公开，工作人员有义务为其保守秘密，维护老年人的各项权益，严格执行保护性制度，不得以任何方式泄露老年人隐私。

3. 医护人员在为异性老年人进行诊疗、护理过程中，必须有两名以上人员在场，并注意加强对老年人的保护。

4. 对于可能造成老年人精神伤害的疾病、生理上的缺陷、有损个人名誉等状况，要履行告知义务。在不违背保护性制度的前提下，要注意尊重老年人，不得歧视老年人。在向老年人和家属告知病情时，使用规范语言。

注意事项：

服务异常行为的老年人时，需要同性别工作人员操作或者两人以上操作。

第四章 医疗与康复服务

《养老机构服务质量基本规范》相关内容

（GB/T 35796—2017）

5.6 医疗护理服务

5.6.1 服务内容

医疗护理服务内容包括但不限于：常见病多发病诊疗、健康指导、预防保健、康复护理、院内感染控制。

5.6.2 服务要求

5.6.2.1 应对有需要的老年人提供护理服务，包括但不限于：翻身、叩背、尿管管理。

5.6.2.2 应指导老年人使用机构提供的康复辅助器具，包括但不限于轮椅、助行器。

5.6.2.3 应遵医嘱使用约束用具，并与相关第三方签署知情同意书，按操作规范执行。

5.6.2.4 老年人突发疾病时，应及时与相关第三方联系，不能处置的，应立即联系医疗救护机构，并协助做好老年人转诊转院工作。

5.6.2.5 应按照老年人评估结果，签订相应的服药管理协议；提供服药管理服务时，工作人员应核对处方和药品，按照医疗卫生相关部门的规定进行药品发放。

5.6.2.6 应组织老年人开展健康体检，每年不少于1次。

5.6.2.7 老年人Ⅱ度及以上压疮在院新发生率应低于5%。

5.6.2.8 养老机构内设医疗机构，应做到：

a）按照内设医疗机构核准登记的诊疗科目开展诊疗活动；

b）观察老年人生命体征、病情变化、体重变化；

c）开展医疗巡视，发现老年人出现病情变化，做出相应处理；

d）对老年人常见慢病进行监测及健康指导；

e）进行老年人保健和传染病的预防，定期开展卫生知识宣教工作。

一、医疗服务

养老机构为入住老年人提供的医疗服务，包括入住时健康风险告知、健康体检、服药与输液等基本服务。

设有医务室的，还应该提供发病诊疗、健康指导、预防保健、院内感染控制等医疗服务。

对患有危急重病的老年人，养老机构应通过转诊服务，将老年人及时转送至具备诊治条件的协议医疗机构或非协议医疗机构进行诊治。

（一）告知潜在健康风险

养老机构在办理老年人入住手续时，应该将老年人入住养老机构后可能会面临的健康风险及养老机构采取的必要防范措施，提前以书面的形式告知老年人签署，并让家属签署《入住老年人潜在意外风险告知书》。

（二）指导服药用药

1. 养老机构在收住老年人入院时，必须将老年人服药用药情况进行详细登记，包括但不限于疾病名称，药品名称，服药用药剂量、频次，服药用药时间等。相关记录必须存档。

2. 入住老年人因医嘱或自行（家属）购药服用等情况，导致服药用药情况发生变化时，养老机构必须重新进行登记，并存档。

3. 养老机构驻院医师根据入住老年人的服药用药登记情况，指导护理人员（护士或养老护理员）按医嘱为老年人提供服药用药服务。

4. 具体服药用药流程见第三章“一、养老护理常见技术”部分相关内容。

（三）协助开展输液服务

1. 养老机构协助开展输液服务，必须确定相关医嘱的合法性，输液药品来源的合法性，与医嘱的一致性，药品名称、规格、数量及包装的完整性。

2. 养老机构协助开展输液服务，必须与老年人家属签订相关补充协议（具体模板见下文），明确告知可能存在的风险、后果及相关防范措施。

输液用药补充协议（模板）

楼层：　　　　　　　　房间：　　　　　　　老年人姓名：

因老年人身体情况需要，家属要求在养老机构内为老年人输液用药。

由于养老机构不属于医疗机构，不具备医院治疗和抢救条件，无法保证此项服务的安全性。但应家属的强烈要求，本养老机构只能协助提供此项服务。

在此，对家属提出要求如下：

1. 老年人家属签字承诺输液所用药物及用药处方，必须是经具备正规资质的医疗机构提供，且是常见、常用药物，经养老机构医务室医生确认，并将医疗机构原始病历复印一份留存医务室保存。

2. 家属同意在老年人输液过程中全程陪同，同意输液引起老年人的任何不良反应，后果自负。今特告知老年人及家属，请家属能够谅解。请老年人家属签字为证。

3. 输液日期自　　　年　　月　　日至　　　年　　月　　日

老年人家属签字：　　　　　　　　　年　　　月　　日

（四）健康体检服务

依托专业医疗机构，每年对入住老年人开展一次全面的身体健康检查，检查项目包括但不限于：身高、体重、血常规、血压、血糖、肝功 5 项、肾功、尿常规、大便检查，以及外科、眼科、五官科检查，胸部 CT、颈部超声、腹腔超声、子宫超声等。根据检查结果，调整生活照料和医疗护理方案并及时存档。

（五）预防保健服务

1. 在入院健康体检和定期健康体检的基础上，为老年人建立健康档案，定期开展健康培训与指导。

2. 组织医疗专业人员，每月开展养生保健知识讲座，为入住老年人普及疾病预防和保健知识。

（六）预防接种服务

养老机构应与有预防接种服务资质的机构签订合作协议，向老年人提供预防接种服务。

（七）基本诊疗服务

养老机构内设医务室（执业医师）应依据老年人常见疾病的基本诊疗规范，做好入住老年人的日常巡查和体征检查。

对轻、慢性疾病，在养老机构医疗条件允许的情况下，由护士执行医嘱。

对超出养老机构医疗条件的急性疾病或重症疾病，养老机构应及时与家属沟通，将老人送至协议合作或周边医院进行治疗。

（八）转诊转院服务（有医养合作协议）

1. 养老机构应该与附近交通便利的医疗机构，签订医养合作（转诊服务）协议，为入住老年人提供看病就医的绿色通道（具体模板见下文）。

养老机构与医院合作协议（模板）

甲方：×××养老机构

乙方：×××医院

甲方是由×××××××开办的，以高龄、失能、失智老年人为主要服务对象的公益性养老机构，为能给入住的老年人提供良好、及时的医疗救治，探索新形势下医养结合的新路子，为入住老年人造福，经卫生部门审核同意，甲、乙双方本着资源共享、互惠互利、共同发展的原则，双方就合作事宜达成协议如下：

一、乙方为甲方入住老年人提供医疗救治：

甲、乙双方商定：乙方作为甲方指定的合作医疗机构，为甲方入住的老年人提供优先和便捷的就医渠道。

二、乙方同意甲方在相关宣传资料上使用乙方为甲方指定的合作医疗机构等相关信息，双方同意在各自场所为对方提供宣传资料的便利摆放处。

三、关于双方开展业务合作事项：

甲、乙双方同意在老年体检方面开展互惠互利的合作，如甲方老年人每年一次体检；对不方便到医院体检的失能老年人，乙方可以提供上门体检服务，甲方可按照相关检查的项目收费标准向乙方的老年人收费。

四、本着互惠互利、共同发展的原则，甲、乙双方就合作问题做如下规定：

1. 乙方为甲方开通绿色医疗通道，对甲方突发急诊老年人提供快速就诊通道（无需挂号、优先就诊、优先检查、优先化验、优先安排住院等）。

甲方老年人病情紧急转入乙方住院治疗时，乙方首先给予积极救治。对老年人入住48小时内发生的所有费用，甲方要在24小时内补齐（针对家属未到的情况下）；家属到达后由家属全权承担所发生的费用。

2. 甲乙双方有义务无偿给对方提供符合对方入住条件的人员。

3. 乙方为甲方提供电话申请上门会诊服务。正常上班时间，由医务科根据老年人的病情选派专科医生，尽快到达甲方进行会诊，甲方按100元/次给乙方支付会诊费，每月结算一次。节假日、双休日、夜间，甲方原则上需将患者送至乙方进行诊治时，甲方可与医院的总值班进行联系。

4. 甲方老年人需转入乙方住院治疗，甲方可直接拨打医院急诊电话：×××××××，由乙方派120救护车将患者直接接入乙方，免除救护车费用，但甲方需派护理人员陪同。需要住院的老年人立即收住院。

5. 甲方老年人在乙方住院期间，甲方负责协调其家属到医院负责其饮食、陪护工作，在家属未到达医院前，由甲方负责其饮食、陪护工作。

6. 甲方负责协调为其住院的老年人办理住院手续，遇有紧急情况，在家属无法到达时，手术以及其他诊疗项目需要履行告知、知情同意、签字等相关法律事宜，需由甲方协助联系到老年人的法定代理人到乙方在相关协议上签字；在老年人家属没有及时到达的情况下，为不错过抢救老年人的时机，根据乙方要求，甲方可以临时在相关协议上代为签字，由此产生的任何后果由老年人家属承担。

7. 甲方的老年人在乙方住院期间如果因病情重危，经抢救无效而病故，乙方应立即通知甲方，甲方配合乙方协调老年人的家属，尽快将老年人的遗体送至殡仪馆。根据情况甲方老年人需要开具死亡证明的，乙方应提供方便。

8. 对甲方住院的老年人，乙方须尽可能地使用本市基本医疗目录药物。在不影响疾病诊断的前提下，除必须要做的辅助检查外，尽量减少其他不必要的辅助检查。乙方须严格按照本地市物价局的收费标准收取诊疗费。

9. 在诊疗过程中，如果发生医疗争议事件，甲方要积极协助调解，确保各方的权益。

10. 由于甲方为养老机构，不具备相应的医技科室及设备，为方便老年人血、尿化验，由甲方护士负责采集标本并将检验标本和化验单送至乙方检验科进行化验检查，由甲方派人负责及时取回检验结果，同时甲方代入住老年人交费。甲方所送的各种标本，必须符合乙方检验科的相关要求，如采集方法、采集时间、送检时限等。

五、本协议未尽事宜，甲乙双方可另行友好协商。对在履行协议中发生的意见分歧，本着求同存异的原则及时友好地协商解决。

六、在协议执行期间，如果甲乙双方中的一方不想再继续履行协议时，须提前一个月通知对方。

七、本协议有效期三年，自　　年　月　日起至　　年　月　　日止。是否续签，期满结束前一个月，双方再行协商。

八、本协议一式四份，双方各持两份。

九、本协议自双方签字盖章之日起生效。

甲方（盖章）：　　　　　　　　　　乙方（盖章）：

法定代表人：　　　　　　　　　　　法定代表人：

年　　月　　日　　　　　　　　　　年　　月　　日

2. 一旦老年人出现危急重疾病，养老机构要在初步诊治的情况下，根据相关协议，及时启动转诊转院服务，把老年人送到协议医疗机构进行诊治。

（九）转诊治疗服务（没有医养合作协议）

养老机构没有与附近的养老机构签订医养合作协议，入住老年人突发疾病时的处理流程如下。

1. 立即给予吸氧、测血压等基础处理。由一名护理员立即打电话通知楼层主管，汇报病情后，及时电话通知家属，根据家属意见决定是否拨打 120。

2. 拨打 120 接通电话后，告知养老机构地址和老年人目前病情情况。

3. 遇有楼层护理员处理不了的事情，本楼层主管又无法及时赶到的情况，可临时叫当夜带班的主管或者副主管协助解决。

4. 如家属短时间赶到养老机构，由家属跟随 120 救护车去医院就诊。若家属无法及时赶到，由一名值班护理员陪老年人随 120 救护车去医院就诊，并且可以启用楼层应急资金，本楼层资金不够的，可借用其他楼层应急资金。

5. 养老机构值班人员做好转诊情况的记录。

6. 若120救护车赶到现场确认老年人已经死亡，并且家属确认不再送医院，由家属自行联系殡葬服务；值班护理人员根据家属要求，向家属提供相关殡葬服务电话，由家属自行联系，养老机构护理人员可有偿提供穿衣、整容（收费问题需提前告知家属）服务。

（十）出院转回养老机构

1. 老年人从医院出院时，由医院急救车送老年人返回养老机构，并携带出院小结。

2. 养老机构医生根据老年人出院小结，下达老年人出院后继续治疗、护理医嘱。

3. 楼层护理主管根据医嘱和老年人具体情况，制订老年人护理计划和服务流程。交班记录和护理记录中及时记录老年人目前状况，以及有关问题的变化情况。

（十一）互联网医疗服务

养老机构可主动接入互联网医疗平台，利用平台资源，为入住老年人提供安全便利的医疗及健康服务。

1. 健康档案管理。养老机构可利用互联网医疗平台相关软件，及时采集录入入住老年人的各类健康数据，为每一位入住老年人建立电子化健康档案。

2. 健康评估与管理。养老机构可利用互联网医疗平台的健康评估与管理软件，不定期对入住老年人的健康数据进行分析评估，准确把握入住老年人的健康状态，预测入住老年人可能存在的健康风险，及时告知入住老年人的子女及家属，在子女及家属的支持和配合下采取相应的健康管理措施，包括但不限于调整日常生活照料、医疗护理、康复服务的项目和内容等。

3. 身体状况远程监测。养老机构可与互联网医疗平台相关单位合作，为有需求且能支付费用的入住老年人提供身体状况远程监测服务，包括远程心电监测、远程血压监测、远程血糖监测以及老年人身体姿态远程监测（跌倒监控）等，并对相关数据进行分析，及时应对异常情况。

4. 预约挂号。养老机构可与互联网医疗平台相关单位合作，对有专科门诊需求的入住老年人，通过平台为其提供预约挂号服务。

5. 远程专家问诊。养老机构可与互联网医疗平台相关单位合作，对患有疑难杂症的入住老年人，通过平台联系异地的医疗专家，为其提供远程专家问诊服务。

6. 老年护理指导。养老机构可与互联网医疗平台相关单位合作，邀请国内老年护理的有关专家，不定期通过视频连线的方式，对养老机构的护理服务进行远程指导，帮助养老机构不断提高护理服务的科学性和规范性。

7. 康复指导。养老机构可与互联网医疗平台相关单位合作，邀请国内康复医疗的有关专家，不定期通过视频连线的方式，对养老机构的康复服务进行远程指导，帮助养老机构不断提高康复医疗的科学性和规范性。

二、康复服务

（一）增强肌力训练

比较简单方便的练习是老年人徒手抗自身重力练习。

1. 静力半蹲的练习方法。两腿分开与肩同宽，膝半蹲位，上体伸直，两臂放在腰部，努力保持此姿势不变。

2. 推墙练习法。在离墙一臂远处（以手指触墙为度）面墙而立。双脚距离同肩宽，伸臂以掌抵墙，臂与肩同宽同高，屈肘推墙为 1 次。

（二）改善关节活动度训练

常见的有关节活动度维持训练和关节活动度改善训练，其中，恢复关节活动最常见的方法有三种。

1. 被动活动。完全由外力进行，无任何主动肌肉收缩。

2. 主动和主动助力活动。自己或借助他人一定的帮助来完成肢体的运动。

3. 牵张活动。通过对关节持续牵引来增加关节活动，主要用于挛缩的关节（此类活动必须由康复专业人士指导进行）。

（三）增强肌肉耐力训练

老年人耐力训练的负重练习，强度应以中小强度为主。使用器械时组数为3组左右，一组5次，休息时间为60秒，速度应以中慢速为主。训练时注意配合呼吸训练。

（四）恢复平衡能力训练

平衡训练按体位主要有仰卧位、坐位、站立位。

1. 仰卧位。

取仰卧位，双手放于体侧，将臀部抬离床面，尽量抬高，即完成伸髋、屈膝、足平踏于床面的动作。

2. 坐位。

（1）静态平衡训练：老年人取长坐位，前方放一面镜子，治疗师于老年人的后方，首先辅助老年人保持静态平衡，逐渐减少辅助力量，待老年人能够独立保持静态平衡30分钟后，再进行动态平衡训练。

（2）自动态平衡训练：老年人取长坐位，指示老年人向左右或前后等各个方向倾斜，躯干向左右侧屈或旋转，或双上肢从前方或侧方抬起至水平位，或抬起举至头顶，并保持长坐位平衡。

（3）他动态平衡训练：老年人取长坐位，在治疗床上或平衡板上进行训练。老年人坐于治疗床或平衡板上，治疗师向侧方或前、后方推动老年人，使老年人离开原来的起始位，开始时推动的幅度要小，待老年人能够恢复平衡，再加大推动的幅度。

3. 站立位。

（1）静态平衡训练：先进行辅助站立训练，然后进行独立站立训练。

（2）自动态平衡训练：①触碰治疗师手中的物体；②抛接球训练；③伸手拿物，拿一个物体放于地面上距离老年人不同的地方，鼓励老年人弯腰伸手去拿物体。

（3）他动态平衡训练：老年人面对镜子保持独立站立位，老年人站在平地上，双足分开较大的距离，治疗师站于老年人旁边，向不同方向推动老年人，可以逐渐增加推动的力度和幅度，增加训练的难度。

（五）恢复步行能力训练

训练的方法有平行杠内重心转移、助行器步行训练、手杖步行训练等。

1. 平行杠内重心转移：老年人站立于平衡杠内，抬起一侧下肢然后做迈步动作，脚落地时光用足跟着地，然后全足底着地，重心转移到同侧，迈步腿的屈髋屈膝逐渐变为伸髋伸膝，准备承重保持身体平衡。然后另一侧足跟离地，膝关节屈曲增大，足尖离地做迈步动作，足上提，膝关节最大屈曲，髋关节最大屈曲，足跟着地，然后全足底着地，重心转移到同侧。如此循环往复，不断加强迈步的节奏感。

2. 助行器步行训练：用双手分别握住助行器两侧的扶手，提起助行器使之向前移动 20~30 厘米后，迈出一侧下肢，再移动另一侧下肢跟进，如此反复前进。

3. 手杖步行训练：先伸出手杖，再迈患侧足，最后迈健侧足的步行方式。此种步行方式因迈健侧足时有手杖和患足两点起支撑作用，因此稳定性较好。

（六）益智游戏

1. 棋类游戏（包括象棋、跳棋、围棋等）。

（1）游戏工具的调整：可改变棋盘和棋子的材料和大小，如为训练下肢可用脚使用改装的模子进行训练；为增强手部肌力，可在棋盘和棋子上加上魔术贴以增加阻力；还可使用筷子夹持跳棋进行训练以提高手的灵活性和日常生活活动能力。

（2）体位的选择：可采用站立位、坐位等进行训练。

2. 牌类游戏（包括扑克牌、麻将牌等）。

（1）工具和材料的选择与调整：手功能不佳或截肢者可使用持牌器代替抓握；失明者可在牌上打上盲文；可改变麻将的重量和粗糙程度以改变活动难度。

（2）体位的选择：可采用站立位、坐位和轮椅坐位等进行训练。

（3）活动本身的选择与调整：根据老年人的功能水平及训练目的选择不

同难度的游戏进行训练，也可增加一些额外要求，比如说出前面所打出的主要牌等。

3. 套圈。

（1）工具的选择：手指灵活性欠佳者可选较粗的环圈，为加强肌力可于前臂加沙袋以增加阻力，也可利用沙袋改变肢体重心，以增加平衡训练难度。

（2）材料的选择：可以选择圈的不同大小，或以重量或摩擦阻力不同的套环进行训练。

（3）活动本身的选择与调整：①位置的调整，调整老年人和套圈之间的距离；②体位的选择，可在坐位、站立位、轮椅坐位上进行，以使活动更具针对性。

（七）园艺活动

1. 工具的选择：手抓握功能不佳者可使用加粗手柄工具，也可改变手柄形状以利于手功能欠佳者使用。

2. 场地或位置的选择：可选择室内和室外场地进行训练，如身体功能较好者可选室外训练，而体弱者或活动不便者宜进行室内训练，可通过改变工作位置（如花架的位置和高度）来使训练更具针对性。

3. 活动本身的选择与调整：根据老年人的具体情况和场地条件，选择不同活动或不同工序，如可仅选浇水、松土、修剪中的一个或多个活动进行训练。

（八）绘画

1. 工具的选择：手功能不佳者可加粗画笔手持的部分，不能抓握者可使用自助工具固定画笔于手上，或通过自助工具用头、口或脚进行绘画；不能很好固定画笔的可使用镇尺或画夹固定。

2. 姿势和位置的调整：根据需要可在坐位、站立位下进行训练，也可调整画纸的位置为平放斜放、竖放而改变上肢的活动范围。

3. 活动本身的选择与调整：根据老年人的情况选择不同的绘画方法进行训练，初学者可以选素描，有一定基础者可选水彩画、水粉画。上肢协调障碍者选用不需要颜料和特殊工具即素描进行训练，而为训练协调性或颜色识别能力则可选水彩画、水粉画等进行训练。

（九）手工艺活动

1. 手工编织。

（1）材料的选择：对于手功能稍差的老年人，可先选用较粗的线进行操作。为了增加肌力，可选藤编，并使用较粗的藤条。手部感觉差者不宜选过细的线或锋利的草和竹片。

（2）工具或方法的调整：为了改善灵活性可选针织或钩针并选稍复杂的图案或形状，如果治疗目的是为扩大上肢关节活动范围，则可利用较大编织框进行大物件的编制。手功能欠佳者，可在钩针的末端增加套环或加粗钩针的把手，以利于抓握和稳定。

（3）体位的调整：根据需要可选择站立位、坐位、轮椅坐位，以针对性训练站立平衡、下肢力量和关节活动范围、坐位平衡和轮椅上的耐力，如为扩大肩关节或躯干的关节活动范围，则可将编织框挂于墙上较高处。

（4）工序的调整：对手功能较差者，可仅选用其中的一两个工序进行训练，也可几个老年人流水线作业，如编织时一个人负责编，一个人负责抽，另外一个人则专门进行修饰，这样可培养合作精神和时间感。

2. 剪纸。

（1）工具的选择：手抓握功能欠佳者，可选用加粗手柄工具，手指伸展不良者使用带弹簧、可自动弹开的剪刀。不能很好固定纸张者可使用镇尺协助固定。

（2）材料的选择：为增加激励可选较硬和较厚的纸。

（3）姿势的调整：根据治疗目的，可选坐位或立位进行训练。

（4）工序的调整：为增强手的灵活性可选折叠剪纸，手灵活性不佳者可选刻纸训练，为发泄不满情绪可选剪纸或撕纸，为训练耐心提高注意力可选择刻纸。

（十）接受式音乐治疗

接受式音乐治疗的中心是聆听音乐以及由聆听音乐所引起的各种生理心理体验。接受式的音乐治疗方法很多，这里只简单介绍其中几种：

1. 歌曲讨论：这是最常用的方法之一，多用于集体治疗中。可以由治疗师或治疗对象选择歌曲，在聆听之后对音乐以及歌词的含义进行讨论。此方法的目的在于引发小组成员之间的语言和情感交流，帮助治疗对象识别不正常的思维和行为，了解和发现病人的深层心理需要和问题。

2. 音乐回忆：治疗师要求治疗对象选择一首或数首歌曲或乐曲在小组中播放。这些歌曲或乐曲都是他在自己的生活历史中有着特别意义的。此方法的目的在于引发音乐所伴随的情感和回忆。

3. 音乐同步：治疗师使用录制好的音乐或即兴演奏音乐来与治疗对象的生理、心理状态同步。当治疗对象与音乐产生共鸣后，治疗师逐渐地改变音乐，把治疗对象的生理、心理和情绪状态向预期的方向引导，以达到治疗目的。

4. 音乐想象：治疗对象在特别编制的音乐的背景下产生自发的自由想象。

（十一）再创造式音乐治疗

再创造式音乐治疗强调让治疗对象不仅仅聆听，而更重要的是亲身参与各种音乐活动。此方法通常包括演唱演奏和音乐技能学习两类。

（十二）即兴演奏式音乐治疗

即兴演奏采用的乐器多为简单的，无需学习训练即可演奏的节奏性和旋律性打击乐器，如各种不同的鼓、三角铁、铃鼓、木琴、铝板琴等。

第五章 文化娱乐服务

《养老机构服务质量基本规范》相关内容

(GB/T 35796—2017)

5.7 文化娱乐服务

5.7.1 服务内容

文化娱乐服务的内容包括但不限于：文化、体育、娱乐、节日及纪念日庆贺等活动。

5.7.2 服务要求

5.7.2.1 应每日组织开展1项以上适合老年人生理、心理特点的文化娱乐活动。

5.7.2.2 服务过程中，应密切关注老年人的身体情况，保障老年人安全地进行活动。

一、基本要求

1. 提前制订文化娱乐活动的计划方案，包括但不限于活动流程及内容、参与人员、活动场地及设备设施、组织者、安全防范措施等。

2. 活动项目要符合老年人的生理和心理特点。

3. 基本按照计划的流程进行，并结合实际情况进行调整。

4. 确保场地和设备设施的安全。

5. 活动中要密切观察老年人的反应。对身体情况特殊的老年人，要采取特殊的保护措施。对活动中出现身体不适的老人，要及时中止参加活动并采取保护性或抢救性措施。

6. 可在活动中设置适当的物质奖励项目，激发老年人参与文化娱乐活动的积极性。奖励比例要大，奖励额度要低。

7. 对活动过程进行书面记录，作为机构的业务档案进行保存。有条件的可对活动进行全程录像，影像资料至少保存 6 个月以上。

8. 要充分利用所在地区的大中学生、企事业单位职工、群团组织、社会组织及爱心人士等志愿服务资源，协调联系养老志愿者不定期到养老机构开展文化娱乐活动，提高老年人对文化娱乐活动的新奇感和参与度。

二、日常游戏活动

（一）心有灵犀

1. 活动目标。

（1）维持老年人的沟通表达能力。

（2）维护老年人和员工之间的融洽关系。

2. 参加人群：养老机构内非失智、非失能老年人和养老护理人员。

3. 人数：不限。

4. 时间：30 分钟。

5. 所需道具：有文字内容的 A4 纸。

6. 活动规则。

（1）自由组合，两人一组，一人负责比画一人负责猜，在 3 分钟内答对题目最多的一组获胜。

（2）可以用语言和肢体动作来提示描述，但是不能描述某个字的读音或写法。

（3）词语包含生活用品、水果、人物、动物、成语，以及一些常用语等。

（4）猜不出可以喊过，期间只可以过 2 个。

（二）装扮圣诞树

1. 活动目标。

（1）通过让参与者表达对生活的期望，增加其对生活的信心。

（2）增加养老机构圣诞节节日气氛。

2. 参加人群：养老机构内自理半自理失能老年人、失智老年人（阿尔兹海默症初期、中期）。

3. 人数：不限。

4. 时间：圣诞节前持续性活动。

5. 所需道具：手工制作材料、小卡片若干、彩笔、彩线、祈愿树（圣诞树）。

6. 活动内容。

（1）提前组织老年人进行手工制作，手工物件作为圣诞树的装饰挂件。

（2）圣诞节活动当日，让老年人思考自己对生活的愿望，并用彩笔写在小卡片上。

（3）小卡片写好后，带领可以行动的老年人用彩线将小卡片挂到祈愿树上面。请参与老年人相互读出愿望，并祝愿愿望早日实现。

（4）同时让员工也写下对老年人的祝福，由养老护理员或社工带领参与者进行分享，建立良好的相互支持氛围。

（三）色彩缤纷

1. 活动目标。

（1）锻炼老年人的手脑协调性。

（2）老年人手工作画（或者手工拼图）并进行展示，营造家的氛围。

2. 参加人群：养老机构内自理半自理老年人、失智老年人（阿尔兹海默初期）。

3. 人数：不限。

4. 时间：30 分钟。

5. 所需道具：水彩笔、打印好的填色纸；手工拼图。

6. 活动步骤。

（1）组织老年人选取自己喜欢的图案。

（2）老年人操作期间，养老护理员需与老年人进行交流互动。

（四）手工折纸

1. 活动目标。

（1）增强老年人手眼协调能力。

（2）折纸物品可作为养老机构内部装饰，给老年人自建家园的感觉。

2. 参加人群：养老机构内自理、半自理老年人。

3. 人数：不限。

4. 时间：30 分钟。

5. 所需道具：普通或者彩色纸，剪刀。

6. 活动步骤。

（1）由养老护理员给老年人做折纸演示，告诉老年人折纸要点。

（2）老年人折纸时给予指导，并进行沟通。

（五）手指操 1：拍手

1. 活动目标：促进血液循环，有助身体健康。

2. 参加人群：养老机构内自理、半自理老年人、失智老年人（患阿尔兹海默症初期）、养老护理员。

3. 人数：不限。

4. 时间：15 分钟左右。

5. 活动步骤：由养老护理员带领老年人按照节拍拍手，可一起将节拍喊出来。

（六）手指操 2：手指动作

1. 活动目标：预防老年痴呆。

2. 参加人群：养老机构内自理、半自理老年人、失智老年人（患阿尔兹海默症初期）、养老护理员。

3. 人数：不限。

4. 时间：15 分钟左右。

5. 活动步骤：由养老护理员带领老年人进行手指活动，并进行指导。

6. 手指操内容：可参考日本白泽卓二所著的《让你活到 100 岁也不痴呆的手指操》，北方文艺出版社 2013 年出版。

（七）老年人趣味运动

1. 活动目标。

（1）促使老年人多进行身体运动。

（2）给老年人带来欢乐。

2. 参加人群：养老机构内自理半自理老年人、失智老年人（患阿尔兹海默症初期）。

3. 人数：不限。

4. 时间：20~30 分钟左右。

5. 活动内容。

（1）塑料瓶平衡。将空塑料瓶倒立置于手心，保持塑料瓶不掉落，坚持时间最长者获胜。

（2）抛气球。两人一组进行配合，来回抛气球，气球先落地的为输。社工也可组织多位老年人共同进行抛掷传递。

（3）打保龄球。用空塑料瓶或者空纸盒摆成保龄球瓶装，老年人在规定距离外投掷皮球。每次打倒的“保龄球”越多，分数越高，累计分数高者获胜。

（4）踢球。老年人在规定位置踢球撞盒子，根据盒子位置远近进行分数赋值，对踢到盒子分数进行加总，分数高者获胜。

（5）套圈。根据远近进行分值加总，或者作为领取不同小礼品的方式。

（6）钓鱼游戏。利用钓鱼玩具，根据钓上来的“鱼”的个数进行计分，最多者获胜。

（八）讲述记忆故事

1. 活动目标：延缓老年人记忆衰退、给老年人心理慰藉。

2. 参加人群：养老机构内失能老年人、失智老年人（阿尔兹海默初中期末期）和养老护理员、社工志愿者。

3. 人数：不限。

4. 时间：20~30 分钟。

5. 所需道具：可携带旧物件。

6. 活动内容。

（1）根据老年人的老物件让老年人讲故事。

（2）由志愿者给老年人念准备好的老故事。

（3）在聊天过程中引导老年人回忆快乐的往事，并密切关注老年人情绪。

三、文化娱乐活动

除日常娱乐活动外，养老机构应区分老人的不同情况、利用不同的场地条件、结合重要的时间节点，开展符合入住老人身心特点的丰富多彩的文化娱乐活动。

（一）区分老年人的不同情况

1. 能力完好老年人：可以开展丰富多样的室内、室外文化娱乐活动。

2. 能力轻度或中度受损的老年人：主要以简单的室内活动为主，注意将部分康复功能融入活动计划中。

3. 重度能力受损的老年人：主要以看电视或听音乐为主，主要解决孤独、郁闷、烦躁、悲观等心理不适。

（二）区分不同的场地条件

1. 室外场地。

日常情况下，养老机构可以组织自理型老年人开展广场舞、健身操、练习及表演文艺节目；条件具备的可以组织外出游览、老年趣味运动会等。

2. 室内场地。

日常情况下，养老机构可以组织老年人开展合唱练习、书法练习、轻度体育锻炼、练习及表演文艺节目、组织趣味游戏、室内运动会等。

（三）充分利用重要时间节点

1. 传统节日与假日活动：春节联欢会、清明踏春、端午节包粽子比赛、中秋节晚会、元旦晚会、劳动节春游、国庆秋游。

2. 生日祝福活动：给同一月过生日的老年人集体过生日，为老年人送上生日祝福和礼物等。

3. 纪念日活动：在“5.8”世界红十字日、抗日战争胜利纪念日、国庆节等举办各类庆祝活动。

（四）充分利用社会志愿服务资源

养老机构要主动与当地精神文明办等党政部门、工会、共青团、妇联、红十字会等群团组织，大中学校学生组织，以及从事养老志愿服务的志愿者组织建立起固定的联系，积极协调相关志愿者和志愿服务组织，轮流到养老机构探望入住老年人，举办文体娱乐、健康义诊、亲情探视等服务活动。

第六章 心理精神支持

《养老机构服务质量基本规范》相关内容

（GB/T 35796-2017）

5.8 心理/精神支持服务

5.8.1 服务内容

心理/精神支持服务的内容包括但不限于：环境适应、情绪疏导、心理支持、危机干预。

5.8.2 服务要求

5.8.2.1 应帮助入住养老机构的老年人熟悉机构环境，融入集体生活。

5.8.2.2 应了解掌握老年人心理和精神状况，发现异常及时与老年人沟通了解，并告知相关第三方。必要时请医护人员、社会工作者等专业人员协助处理或转至医疗机构。

5.8.2.3 应定期组织协调志愿者为老年人提供服务，促进老年人与外界社会接触交往；倡导老年人参与力所能及的志愿活动。

5.8.2.4 应督促相关第三方定期探访老年人，与老年人保持联系。

一、环境适应活动

（一）基本理念

刚入住养老机构的老年人，离开了生活多年的物理环境和社会环境，离开了陪伴多年的身边亲人，对养老机构的员工、同伴普遍有陌生感，容易出现精神孤独的情况。养老机构要通过适应性社会交往和文化娱乐活动，帮助老人尽快熟悉机构员工和生活同伴，适应养老机构的生活节奏，帮助老年人提高在养老机构的生活质量。

（二）目的和目标

1. 活动目的：改善刚入住老年人的精神状态，促进其精神健康。

2. 具体目标。

（1）让老年人在活动期间感受到快乐、开心。

（2）使老年人感受到社会力量的关心。

（3）促进老年人之间沟通了解。

（三）准备活动

人员分配及任务如下：

（1）1名主持人负责整场活动流程介绍。

（2）社会工作者为老年人提供一对一服务。

（3）协调员负责协调活动过程，包括活动计时、拍照及发放礼品。

（四）活动实施流程

1. 自我介绍。

（1）主持人介绍活动的概况及开展活动的目的。

（2）社工小组成员自我介绍，主要介绍自己的姓名、籍贯、从事社工的目的、对老年人的祝福（这是重点）。

（3）社工引导老年人进行自我介绍。介绍时请老年人介绍自己的姓名、家乡、兴趣爱好和以前从事的工作等，重点让老年人谈谈自己的家乡和过去工作给自己留下的印象和宝贵财富。

2. 老年人分享快乐。

让每一名老年人说一件入住养老机构后最开心的事，最后每组推选一件大家认为最开心的事与所有人分享。

工作人员要积极引导老年人打开心扉，可以说："我有一个苹果，你有一个苹果。我们相互交换，每人还是一个苹果。我有一份快乐，你有一份快乐。我们相互交换，每人就会有双倍的快乐。"

工作人员还要引导入住老年人坚持分享快乐的做法，可以说："在日常生活里，要善于发现快乐的事，和别人分享自己快乐的事，把快乐的情绪传播给大家。如果每人每天发现一件快乐的事，大家分享一下就会有许许多多快乐的事，这样每天都会活得很开心，心情好就会身体好、人长寿，就可以享受更多的快乐！"

3. 笑口常开。

游戏目的是锻炼老年人彼此合作的能力，进一步相互认识，同时训练老年人的反应能力。主持人先介绍游戏规则，成员带领老年人开展游戏。游戏规则是：

（1）先选出一名参与者做发指令者，发出"笑""口""常""开"中的任意一个的指令。

笑：双手食指指自己的脸，嘴巴微笑，做开怀大笑的样子。

口：双手放嘴边做呼叫状，做嘴巴的样子。

常：双手拍两下手掌。

开：双手张开举过肩膀。

（2）其他参与者根据指令做出相应的动作，由做错的参与者接着做发指令者。如果发现候选人太多（做错的人太多），可以让参与者自己选出下一位发令者。如果没有参与者做错，可以通过参与者的商量选出下一位发令者。

（3）正式开始游戏前，社工需要带领参与者做几次练习。

4. 活动小结。

（1）主持人发给每位老年人一张纸条，要求老年人根据对此次活动的感受画一张表情（高兴、平常、难过）图，工作人员根据老年人对此次活动的反馈，询问老年人选择这张表情图的原因，并做总结。

（2）主持人做最后总结。

二、亲情关怀

养老机构在了解老年人相关信息、办理老年人入住手续过程中，要尽可能多地了解和记录老年人的子女及直系亲属、原工作单位离退休工作负责人等人员的联系信息，并为他们探望老年人提供方便。

（一）子女亲属探望

1. 在《入住养老机构协议》中，养老机构要明确对老年人的子女提出定期探望和不定期探望的要求，并为子女探望老人提供方便。

（1）定期探望时间包括老年人的生日、结婚纪念日（夫妇同住养老机构的），传统节日如春节、中秋、重阳节等，子女必须前来探望。

（2）传统节日如清明、端午，以及国家法定假日如五一假期、十一国庆假期，子女应来养老机构探望老年人。

（3）在同一地级市（或直辖市）地域范围内居住的子女，原则上至少每月探望 1 次老人。在同一省（自治区）地域范围内居住的子女，原则上至少每季度探望 1 次老人。在国内不同省市居住的子女，原则上至少每年探望 1 次老人。

2. 养老机构应对子女探望老人的情况进行书面记录并存档。

3. 对无故不来探望老年人的子女，养老机构应采取必要的措施：

（1）无故在 1 个月（含）以上未能到养老机构探望老年人的，养老机构应及时联系子女进行提醒。

（2）无故在 3 个月（含）以上未能到养老机构探望老年人的，养老机构应联系子女所在单位（没有单位的联系子女居住地所在街道居委会），提醒其子女及时探望老年人。

(3) 无故在 6 个月 (含) 以上未能到养老机构探望老年人的，养老机构应将相关情况报告给子女所在单位 (或居委会) 的同时，及时向养老机构所在民政部门进行报告。

4. 养老机构对子女经常来探望老年人的，可采取一定方式对子女的孝行进行表扬，也可在经济条件允许的情况下，给予入住老人一定的费用减免或物质奖励。

5. 有条件的养老机构，可通过专项采购或募集社会爱心捐赠等方式，利用闲置空间建设一定规模的儿童游乐场所。当老年人的子女携孙辈亲属来探望时，可安排一家三代在游乐场所一起游玩，延长老年人与子女亲属的共处时间，缓解入住老年人的孤独情绪。

6. 地处农村地区的养老机构，可以与周边农户共同打造观光农业，建设蔬菜和水果采摘基地。居住在城镇的子女来探望老人时，可陪伴老年人一起去采摘蔬菜和水果，共同度过愉快美好的家庭聚会时光。

(二) 朋友同事探访

1. 对入住养老机构的退休老年人，养老机构应保持与老年人原工作单位离退休工作部门的联系与沟通，及时提醒原单位领导、同事到养老机构探望老人，并为他们提供方便。

2. 养老机构要通过养老护理员，掌握入住老年人的好友的联系信息，不定期联系老年人的好朋友，邀请他们到养老机构与入住老年人聚会见面，并为他们的聚会活动提供方便。

(三) 社会爱心关怀

入住养老机构的老年人，在生活上和情感上都与社会有了距离。为了减轻入住老年人的被隔离感，养老机构在协调督促老年人子女亲属、同事朋友经常来院探望、给予亲情关怀的同时，要充分调动志愿者、爱心企业和爱心人士的积极性，为入住老年人提供必要的困难帮扶和精神慰藉。

1. 志愿者。

养老机构要主动与当地精神文明办等党政部门、工会、共青团、妇联、红十字会等群团组织、大中学校学生组织，以及从事养老志愿服务的志愿者组织建立起固定的联系，积极协调相关志愿者和志愿服务组织，轮流到养老机构探望入住老年人，举办文体活动、联谊活动，丰富老年人的精神文化生活。

2. 爱心企业和爱心人士。

养老机构要全面整理入住老年人的相关材料，重点整理革命功臣、劳动模范、行业优秀代表人物、特殊困难老年人等特殊老年人的有关材料，主动向当地爱心企业和爱心人士展示老年人的优秀事迹、说明老年人面临的具体困难，以争取爱心企业和爱心人士对老年人和养老机构的支持和帮扶。要精心设计爱心企业和爱心人士到养老机构的慰问帮扶活动，既给予物质关怀，又给予精神关怀。

（四）关爱孤寡老年人

对于孤寡老年人，除了协调志愿者、爱心企业和爱心人士给予困难帮扶和精神慰藉以外，养老机构也要安排管理和服务人员给予特别的关怀。

1. 将孤寡老人纳入重点关爱的范围，机构负责人、管理人员和服务人员一起，经常嘘寒问暖，让老年人感受到家庭般的温暖。

2. 以“帮扶结对”的形式，给每名孤寡老人安排相对固定的养老护理员，逐步培养老年人与养老护理员的感情和亲情，弥补老年人的情感空缺。

3. 与其他入住老年人及家属沟通，在其他老人过生日、聚会时，邀请孤寡老年人一起参加，共同享受同辈友情、儿孙亲情，共享天伦之乐。

三、常见心理问题与对策

入住养老机构的老年人，特别是半失能、失能老人，容易出现明显的孤独感，严重的出现抑郁症状。对因长期慢性疾病导致的失能状态，头脑清醒的老人知道无法康复，只能等待生命的终结，容易出现对死亡的恐惧。对患有老年痴呆或阿尔兹海默症的老年人，在发病的初期，老年人也容易出现各种心理问题。养老机构对此要认真对待、科学防范。

（一）孤独

1. 主要表现。

老年人入住养老机构后，每天等着吃三顿饭、等着睡觉、等着死亡。除了吃饭和睡觉，多数的时间老人都没有事做，没有人陪着聊天，老年人之间缺乏交往，导致老年人出现明显的孤独感。如果老年人没有子女或子女探望次数很少，被抛弃的感觉会加深强化孤独感。

2. 应对策略。

（1）在每一次服务的过程中，增加沟通的环节。比如为老年人做分餐或喂饭、查房、如厕、洗澡等服务的过程中，跟老年人聊聊天，说说家常。

（2）使用外部志愿者，做陪伴服务。邀请志愿者为老人做陪伴服务，不定期来院陪老年人聊天。

（3）鼓励老年人参加活动，找点事儿做。有的老年人有文化，鼓励他们写东西，写养老院的故事、写年轻时的回忆等。有的老年人手工好，鼓励他们做一些作品，并给展示出来，让他们更愿意做，也带动其他人做。有的老年人身体基本健康，可以安排他们以志愿服务的形式帮助养老机构做一些力所能及的工作。

（4）促进建立新的社交圈子。了解老年人过去的职业、兴趣爱好，然后在养老机构里找同类老年人，帮他们牵线搭桥，让老年人融入新的圈子。

（5）促进与子女家属的交流。通过亲子类活动设计，让子女和孙辈愿意到养老机构陪伴老年人且没有无聊感。教会入住老年人利用现代通信工具跟子女交流，保持联系。

（二）抑郁

1. 主要表现。

要正确区分抑郁情绪和抑郁症。抑郁情绪是人之常情。比如亲人去世，正常人都会难过很长时间，或想起来就难过，这是正常的抑郁情绪。而抑郁症是一种疾病，陷在抑郁情绪中无法出来，失去一切欲望，不在意自己的穿着、不想吃饭、不想上厕所、不想睡觉，什么都不想，只想尽快结束这一切一死了之。

2. 抑郁情绪的应对策略。

对有抑郁情绪的老人，通过聊天倾诉、参与文体活动、子女常来陪伴等方式，可让老年人舒缓抑郁情绪。

3. 抑郁症的应对策略。

对可能有抑郁症的老年人，要尽快报告护理部主管及以上领导，通过养老机构请精神科医生诊断并治疗，同时通知老年人的子女及家属。应对策略包括：疾病认识、用药依从性、安全管理、休息与睡眠等。

（1）帮助老年人及其家庭正确认识和对待疾病。正确评估导致老年人出现抑郁的不良生活事件与行为。根据评估结果对老年人进行有针对性的劝解、疏导，与老年人家庭成员共同讨论，增强其应对心理压力的能力。

（2）及时评估老年人的用药依从性。因对治疗效果缺乏信心或不愿接受药物治疗，部分抑郁症老年人表现为藏药或拒绝服药。要防范老年人藏药后一次大量吞服问题。养老护理员要认真督促检查老年人每天的服药情况，防范发生服药自杀行为。

（3）养老护理员要严格检查老年人居住环境中可能出现的刀、绳索、电器、农药等潜在危险性物品。对于有强烈自杀企图的老年人，要及时跟家属联系，及时告知相关情况。养老机构要有专人全天看护、必要时给予合理约束。

（4）保持良好的休息与睡眠。要避免抑郁症老年人独处，要为其创造舒适、安静的睡觉与休息环境，尽量减少日间睡眠。养老护理员要掌握并教会老人促进睡眠的方法。

（二）惧怕衰老

1. 主要表现。

入住老年人因为年龄或疾病的原因，会出现越来越明显的衰老特征，如四肢力量减弱、行走站坐等功能受限，听力、视力、知觉、味觉、辨识力、记忆力下降，呼吸功能、消化功能等下降，内分泌功能减弱等。老年人对自身衰老的过程，一般会经历没有感觉、到有点感觉、到生活不便、到心生烦闷、甚至羞于见人的心理过程。

2. 应对策略。

（1）主动了解老年人的生活阅历，以尊重和欣赏的态度，肯定老年人过去的辉煌，多讲老年人的成绩。

（2）认真发现老年人现有的优点和长处，多表扬多赞赏，帮助老年人驱散衰老的阴霾，带给老年人自信和勇气。

（3）引导鼓励老年人通过简便易行的康复训练，保持身体功能，延缓衰老进程。

（四）惧怕疾病

1. 主要表现。

入住养老机构的老年人，大多患有一种或多种长期慢性疾病，并且由于疾病的原因，导致其一种或多种功能受损，使其处于半失能或失能状态。个别老年人会因为疾病会导致功能损伤进而造成生活不便，对疾病产生恐惧心理，变现为对疾病信息比较敏感、对周围患有同类疾病的老年人有排斥，有的表现出急切治疗、过度治疗的需求，有的表现为抵触治疗的情绪。

2. 应对策略。

（1）安排医疗专业人员，向老年人普及相关疾病的医治常识。

（2）结合患病老年人自身的检查、治疗情况，帮助老年人分析疾病可能的发展方向，重点告知可以延缓病程发展的办法。

（3）引导老年人积极配合医疗、康复及护理工作，缓解疾病带来的不便和痛苦。

（4）对多疑的老年人，利用转移法，把老年人的注意力转移到其他感兴趣的事物上。

（五）惧怕死亡

1. 主要表现。

入住养老机构的老年人，在得知同一机构其他老年人离世的消息后，有的会久久地怀念离世的老年人，情绪一直很低落；有的会联想到自己也将不久于人世而心生恐惧，出现寝食不安等表现。还有的老年人，清楚地知道自己的疾病已经无法治愈，只能等待死亡的到来，从而产生了对死亡的恐惧。

2. 应对策略。

（1）对即将离世的老年人，养老机构应另寻能提供安宁服务的场所，为相关老年人提供临终关怀服务，避免老年人在养老机构离世。

（2）老年人在养老机构（意外）离世，养老机构可对其他老年人说，“某某住院了”，以免引起不必要的情绪波动。

（3）老年人在养老机构（意外）离世后，养老机构必须将家属的悼念活动控制在离世老年人的原有居住房间范围内，且不得有任何的哀悼音乐，以免影响其他老年人的生活和心情。

（4）对患有无法治愈的致死性疾病的老年人，养老机构要联合医疗专业人员、专业社会工作者，对老年人提供全方位的安宁疗护服务。

（5）养老护理员、必要时协调社会志愿者，多与老年人做一些娱乐活动，分散老年人注意力，排解老年人的惧怕心理。

四、失智老人心理照护

（一）尽可能维持老年人记忆力

了解老年人感兴趣的活动、谈话主题、颜色、喜欢的物品或食物等。鼓励老年人参加力所能及的社交活动，通过图像、动作等刺激，延缓老年人记忆力下降。

对于记忆障碍严重的老年人，协助老年人制订规律的作息计划、日常生活活动安排表等，并对容易忘记的事情设立醒目标志。

（二）帮助缓解行为障碍

针对患者行为障碍，积极利用熟悉数字、日历的定向治疗，以及体育疗法、群体疗法等，改善抑郁、易怒等症状。

（三）清除居家环境的危险因素

做好居家环境危险物品的管理，如煤气、锐器物品等，防止老年人意外伤害的发生。

（四）防止老年人走失

在老年人外出或参加户外活动时，给其随身携带写明居住地址和紧急联系人联系方式的卡片或者含有上述信息的二维码，并将卡片置于老年人外出时穿着的衣物外兜上，以便老年人走失时能够及时得到他人的帮助。此外，可将老年人子女（紧急状况第一联系人）的电话号码存在手机电话簿的第一个，并保持手机界面不使用密码锁或指纹锁。

五、老年社会工作

（一）社工基本服务制度

1. 主要工作方法。

专业社工在掌握失智老年人的基本资料的基础上，运用个案工作、小组工作等方法对失智老年人进行服务。

2. 遵从失智老年人沟通原则。

（1）同理心原则。

（2）接纳老年人原则。

（3）耐心与尊重原则。

3. 采用的介入方法。

（1）缅怀治疗，主要适用于帮助缓解抑郁、轻度失智等问题。

（2）人生回顾，主要适用于帮助老年人处理长期的情绪问题。

（3）现实辨识，主要适用于预防和缓解老年人认知混乱、记忆力衰退。

（4）动机激发，主要适用于预防、缓解老年人社交能力受损、负面情绪等。

（5）园艺治疗，主要适用于预防和缓解老年人身体和精神衰老。

4. 服务流程。

（1）接案。

1）收集老年人资料，包括：个人基本信息、失智等级、生活经历、家庭情况等。

2）了解老年人的问题和需要，决定是否需要紧急介入。

3）评估老年人的问题解决是否在老年社会工作者的能力范围和机构能力范围内，必要时予以转介。

4）与老年人或主要照顾者建立专业关系。

（2）预估。

1）优先评估老年人面临的风险，如抑郁、自杀等。

2）根据实际情况，协调进行跨专业、综合性评估，包括老年人的问题、需求和资源状况等。

（3）计划。

1）根据老年人具体情况，可邀请老年人家庭参与服务计划制订。

2）设定服务计划的目的和目标。

3）制定介入策略、行动步骤及进度安排。

4）拟定预期存在的困难、风险及其应对策略和预案。

（4）介入。

1）促使老年人学会运用现有资源。

2）对老年人与环境产生的冲突进行调解。

3）运用各种能够影响老年人改变的力量帮助老年人实现积极的改变。

4）采用优势视角，鼓励和协助老年人发挥潜能。

（5）评估。

1）根据服务计划中制定的过程评估和成效评估计划开展评估。

2）采取多种方式收集和分析与服务相关的资料，包括客观资料、主观感受与评价等。

3）撰写评估报告。

（6）结案。

1）巩固老年人及所处环境已有的改变。

2）增强老年人独立解决问题的能力和信心。

3）结案后提供跟进服务。

（二）社工活动组织制度

1. 制订活动计划。

社工每月对老年人活动情况进行总结，同时根据节气、节日制订下月老年人活动计划，确保老年人活动按照计划和目标进行。

专题活动组织开展前一周应出具活动计划书。计划书内容包括：活动主题、参加人员、项目、所需道具、预算、风险预案等内容。计划书经过养老机构院长（主任）审批后方可执行。

2. 活动注意事项。

老年人每次活动时间不宜超过 40 分钟，如在活动中老年人出现不适的情况，应立即停止活动，确保老年人身体安全。

3. 做好活动记录。

活动结束之后，须及时清理活动场地，并进行记录。

（三）老年人个案工作流程与规范

1. 服务准备。

（1）信息收集：老年人生理、心理、社会生活状况。

（2）信息获取途径：老年人个案登记表；访谈老年人、家属、原社区、工作单位与其他知情者。

2. 需求预估。

（1）分析与预估：根据收集的信息分析老年人需求、优势、问题与挑战及其成因；决定是否接案；列出可行的服务方案。

（2）形成需求评估报告：从老年人、家庭、养老机构、政府、社会等方面分析。

3. 制订计划。

（1）分析服务对象特点，据此制定工作总体目标、阶段性目标。

（2）确定阶段性目标、介入方式与具体措施。

4. 介入实施阶段。

按照以下内容填写个案工作服务记录：

（1）针对老年人的直接工作及其目标：针对老年人入住机构时、入住机构后、离开机构或转院的介入。

（2）针对老年人家属的介入及其目标。

（3）针对养老院其他人员的介入及其目标。

5. 结案评估。

（1）结案理由：提出持续目标与建议；接受督导与上级评估；对服务过程进行汇总；总结完成目标情况。

（2）持续目标：督促服务对象心理调适，进行跟踪服务。

（四）老年人小组工作流程与规范

1. 需求评估普遍调查。

（1）提出小组总目标。

（2）需求评估潜在组员。

（3）调整细化目标。

（4）确定小组性质、结构、规模。

1）招募组员。

2）精选组员。

3）组员面谈契约。

（5）设计方案计划书。

1）与督导讨论方案。

2）确定方案。

3）组员面谈契约。

（6）小组评估。

2. 开组。

（1）调整方案。

（2）小组进行工作。

（3）小组评估。

六、志愿服务

（一）管理来自院外的养老志愿服务

养老机构要主动与当地精神文明办等党政部门、工会、共青团、妇联、红十字会等群团组织，大中学校学生组织，以及从事养老志愿服务的志愿者组织建立起固定的联系，积极协调相关志愿者和志愿服务组织，轮流到养老机构探望入住老年人，举办文体娱乐、健康义诊、亲情探视等服务活动。

具体的管理流程和办法见《曜阳养老机构建设与管理指南》相关章节。

（二）组织低龄健康老年人开展志愿服务

养老机构应组织具有基本工作能力和工作愿望的低龄健康老年人，以志愿服务的形式为机构内的高龄老年人、失能老年人及养老机构提供力所能及的服务。

1. 老年志愿者的筛选。

年龄在 75 周岁（含）以下，具备正常的行动能力、感知能力，热心为他人服务的老年人，都可以发展成老年人志愿者。个别年龄在 80 岁左右的老年人，身体条件较好的，也可以成为老年人志愿者。

2. 老年志愿者的工作安排。

老年人志愿者主要结合自身能力条件，为高龄老年人和失能老年人以及养老机构提供力所能及的志愿服务，包括：

（1）取送报纸、杂志等文书材料。

（2）协助开展养老服务工作巡视。

（3）协助组织文体娱乐活动。

（4）协助保养绿植花草等。

3. 老年人志愿者工作期间的安全保护。

（1）老年人志愿者开展志愿服务活动，楼层主管和护理员首先要进行登记。

（2）老年人志愿者从事志愿服务活动，楼层主管应安排专人提前对老年人进行安全教育，说明需要注意的安全事项，并在活动过程中注意观察老年人的行踪。

（3）老年人志愿者从事志愿服务时，因个人失误造成的损失，应由养老机构承担。

4. 老年人志愿者工作期间的意外情况处置。

老年人志愿者开展志愿服务活动，突然发生跌倒等意外情况，以及突发脑卒中、心梗等意外时，楼层护理人员要按照应对老年人意外事故的操作规范，迅速开展应急救护，同时呼叫机构医务人员，必要时拨打120急救电话，送到专门医疗机构处置。

5. 老年人志愿者的回馈。

养老机构要通过评选优秀老年人志愿者、宣传老年人志愿者、奖励小礼物等形式，及时对老年人志愿者的志愿服务行为进行正向回馈。表现特别突出的老年人志愿者，养老机构可在经济条件允许的情况下，给予住养费用方面的减免。

（三）引导入住老年人的家属参与志愿服务

养老机构应通过入住老年人，引导其家属，利用空闲时间到养老机构提供志愿服务。

1. 养老机构要深入了解老年人家属的职业水平和工作状态，发挥老年人家属的专业能力优势，为养老机构及入住老年人提供专业化的志愿服务。确实没有专业技能或专业技能不是养老机构及老年人所需的，可以安排参加养老机构的文体娱乐活动，为老年人提供心理慰藉等情感关怀服务。

2. 老年人家属为养老机构及老年人提供志愿服务，可以是个体化的形式，也可以是群体性的形式，还可以是集体性的形式。养老机构按照相应的活动形式进行管理和支持。

3. 养老机构对老年人家属提供志愿服务时间长、质量好、受欢迎的，要及时给予正面的反馈，包括评选优秀家属志愿者、宣传优秀事迹、向家属所在单位（街道）写感谢信（表扬信）等。对表现特别突出的家属志愿者，养老机构可在经济条件允许的情况下，给予其老年人住养费用方面的减免。

（四）养老机构为所在社区提供志愿服务

良好的社区关系是养老机构生存发展的基础。养老机构要发挥自身优势，主动为所在社区老年人提供志愿服务。

1. 开放医务室，为社区老年人提供必要的医疗服务。

2. 开放娱乐活动场所，为社区老年人提供必要的娱乐场所服务。

3. 开放餐厅，为社区老年人提供就餐服务。

4. 组织医护人员，不定期赴社区为老年人开展义诊活动。

5. 组建工作团队，协助街道社区组织老年人开展文化娱乐体育活动及比赛。

6. 开放养老床位，为社区失能老年人提供临时照护服务。

7. 组织专业人员，为社区失能老年人家属提供养老护理技能培训。

8. 开展社区老年人所需、养老机构力所能及的其他志愿服务。

第七章　安宁服务

《养老机构服务质量基本规范》的相关内容

（GB/T 35796—2017）

5.9 安宁服务

5.9.1 服务内容

安宁服务的内容包括但不限于：临终关怀、哀伤辅导和后事指导。

5.9.2 服务要求

5.9.2.1 应尊重老年人的宗教信仰、民族习惯和个人意愿，帮助老年人安详、有尊严地度过生命终期。

5.9.2.2 宜引导相关第三方接受老年人临终状况，根据需要协助处理老年人后事。

一、临终关怀服务

（一）临终老年人的需求

1. 身体需求。

环境安静、整洁，被褥干净，身体清洁；更希望能减轻身体上的痛苦，可以入睡。

2. 心理需求。

希望医护人员和自己交谈，了解自己的状况；请求尊重和保留一些生活习惯和方式；有选择死亡的权利。

3. 社会需求。

临终老年人面对死亡的来临，经受着肉体、精神上的痛苦和折磨，十分渴望得到关心和安慰，得到感情上的支持和帮助。大多数临终老年人希望自己的家属时刻守护在自己的身旁。

（二）临终老年人心理变化与心理关怀

临终老年人心理关怀的目的在于有效控制焦虑和抑郁，促进临终老年人的心理健康水平，从而使老年人平静地走完临终阶段。

传统伦理观点认为老年人即将临终，照顾者应该绝对保密，以减少老年人的心理痛苦。这种观念剥夺了临终老年人的知情权，违背了现代医学伦理观。对于临终的老年人，照顾者应该与家属一起制订告知计划，列出需告知老年人哪些情况、分几个阶段告知、每个阶段告知的内容等。在告知老年人临终相关信息时，需留有余地，让老年人逐步接受，如：开始时可以使用一些模糊的词汇委婉地开启话题；在分次告知时，要尽可能地留有希望，但告知的内容必须是真实的，不能欺骗，否则会使老年人产生不信任感；在告知过程中，要允许老年人适当发泄，并及时给予病人情感支持。

照护者要根据临终老年人的心理变化给予相应的心理关怀。

1. 否认期。

不承认自己患了绝症或病情严重，对可能发生的产重后果缺乏思想准备，希望有治疗的奇迹出现以挽救生命。有的老年人不但否认自己病情恶化的事实，而且还谈论病愈后的设想和打算，是企图逃避现实的表现。

此期照护人员要有真诚、忠实的态度，不要揭穿老年人的防卫机制，也不要欺骗老年人，坦诚温和地回答老年人对病情的询问。经常陪伴在老年人身旁，注意非言语的交流。

2. 愤怒期。

渡过了否认期，老年人知道生命岌岌可危，但又禁不住生气愤怒：这种致命的疾病为什么偏偏落在自己身上，认为命运对自己不公平，甚至敌视周围的人，或拿家属和医务人员出气，借以发泄自己对疾病的反抗情绪。

此期照护人员应将老年人的发怒看成是一种正常的情绪反应，应认真倾听老年人的心理感受，允许老年人的发怒、抱怨、不合作行为，注意预防意外事件的发生。

3. 协议期。

老年人在愤怒中逐渐意识到死亡不可抗拒，一点点地接受了濒死的现实，由愤怒期转入协议期，心理状态显得平静、友善、沉默寡言，积极配合治疗，希望能延缓死亡的时间。

此期照护人员应多给予指导和关心，尽量减少其痛苦，应鼓励其说出内心的感受，尊重老年人的信仰，减轻压力。

4. 抑郁期。

老年人已知道自己生命垂危，表现出极度的伤感，并开始安排后事，留下自己的遗言。大多数老年人在这个时候不愿多说话，但又不愿孤独，希望多见亲戚朋友，愿得到更多人的同情和关心。

此期照护人员应允许老年人表示忧伤、哭泣等情感表达，满足老年人的合理要求，注意预防老年人的自杀倾向。若老年人因心情忧郁忽视个人清洁卫生，照护人员应协助和鼓励老年人保持身体的清洁、舒适。

5. 接受期。

接受期是生命垂危的老年人的最后阶段，老年人心里十分平静，对死亡已有准备，也有的因疼痛难忍希望尽快死亡。

此期间，照护人员应尊重老年人，不要强迫与其交谈，给予临终老年人一个安静、明亮、独立的环境，减少外界的干扰，减少其疼痛，继续维持对老年人的关心、支持，让其安详平静地离开人间。

二、哀伤辅导

哀伤辅导主要是针对临终老年人的家属，给予一定的关怀与抚慰。

（一）老年人濒临死亡时

照护者应告知家属老年人已临近死亡，让其在心理上有所准备，这一缓冲时间通常可以减轻亲人突然逝去时家属的过度悲伤。

（二）居丧期

老年人家属会出现系列急性悲伤反应，有的家属由于极度悲伤可能会突然发生晕厥、心脑血管意外等急症。因此，提前评估家属的健康状况是必要的。这时，照护者应将处于急性悲伤期的家属安排到安静的房间，亲朋好友的陪伴和抚慰是对他们最好的支持。

（三）失去亲人后的几天

家属经历着悲伤的痛苦，痛苦的程度和表达方式各不相同，照护者可给予恰当的支持和辅导，帮助他们顺利度过正常悲伤期。具体可从以下几个方面对临终老年人家属进行心理疏导。

1. 交流感情

照护人员要指导家属多与老年人交流感情，临终老年人最需要的是家属的关怀，家属的自信、热情、关怀都能给予老年人安慰。

2. 关怀帮助。

家属的心理变化很大，他们既痛苦又辛苦，为老年人四处奔波，操办各种事务，有的还为经济而担心，尤其是相依为命的亲人将离开人世，家庭处于极度悲痛之中，此时老年人家属也需要他人的关怀与帮助。

3. 悲伤介护。

亲人去世，家属悲伤，照护人员要耐心向配偶及其他家属说明病情，让家属理解老年人的死亡不可避免，积极劝慰家属节哀，使家属从极度悲伤中解脱出来。

三、后事指导与处理

（一）对临终老年人家属的支持

在照顾临终老年人时家属不仅要承受巨大的心理压力，同时还要付出劳动，他们自身的生理需求难以得到满足，身心疲惫。因此，照护人员应给家属以关怀，提供尽可能的帮助，对他们表示安慰，稳定他们的情绪，减轻心理压力，指导他们在照顾老年人的同时如何保持自身健康。临终老年人最怕寂寞和无人照料，家属参与照护有助于老年人缓解和减轻悲观情绪，家人的支持是临终老年人的莫大安慰。让家属陪伴老年人一起度过人生的最后时光，也可使家属在老年人去世前充分尽到义务，使临终老年人在充满人性温暖的环境中安详离去。

（二）对丧亲者的关怀

丧亲者即死者家属，主要包括其父母、配偶、子女等直系亲属。死亡是临终老年人痛苦的结束，对家属却是悲痛的开始，老年人安静、有尊严地死去是临终关怀的结果，但不是终点。家属面对所爱的人离开，心理由震惊而哀恸、绝望，严重影响其身心健康，因此做好丧亲者的工作是十分重要的。

1. 丧亲者的心理反应。

根据安格乐理论，可分为以下 4 个阶段：

（1）震惊与不相信。这是一种防卫机制，将死亡事件暂时拒之门外，让自己有充分的时间加以调整。此期在急性死亡事件中最明显。

（2）觉察。意识到亲人确实死亡，痛苦、空虚、气愤情绪伴随而来，哭泣常是此期的特征。

（3）恢复期。家属带着悲痛的情绪着手处理死者的后事，准备丧礼。

（4）释怀。随着时间的流逝，家属能从悲哀中得解脱，重新对新生活产生兴趣，将逝者永远怀念。

心理反应阶段持续时间不定，可能需 2 年或更久，一般约需 1 年时间。

2. 影响丧亲者调适的因素。

（1）对死者的依赖程度。家人对死者经济上、生活上、情感上依赖性越强，面对死亡后的调适越困难。常见于配偶关系。

（2）病程的长短。急性死亡病例，由于家人对突发事件毫无思想准备，易产生自责、内疚心理。慢性死亡病例，家人已有预期性心理准备，则较能调适。

（3）死者的年龄与家人的年龄。死者的年龄越轻，家人越易产生惋惜和不舍，增加内疚和罪恶感。家属的年龄反映人格的成熟，影响到解决处理后事的能力。

（4）其他支持系统。家属存在其他支持系统（亲朋好友、各种社会活动、宗教信仰、宠物等），能提供支持满足其需要，较易调整哀伤期。

（5）失去亲人后的生活改变。失去亲人后生活改变越大，越难调适。

3. 丧亲者的关怀。

（1）鼓励家属宣泄感情。死亡必将影响丧亲者的身心健康和生存质量，照护人员应认真倾听其诉说，做全面评估，针对不同心理反应阶段制定相应的措施。

（2）心理疏导、精神支持。提供有关知识，安慰家属面对现实，使其意识到安排好未来的工作和生活是对亲人最好的悼念。

（3）尽力提供生活指导、建议。如经济问题，家庭组合，社会支持系统等，使丧亲者感受人世间的情谊。

（4）丧亲者随访。通过电话、探访、微信等方式对老年人家属进行追踪随访。

（三）维护老年人死后的尊严

尸体护理是照护人员为老年人做的最后一次服务，也是安宁服务的重要内容之一。尸体护理时态度要严肃，用清水擦拭面部及全身，为老年人梳头（剃须）；眼睑不能闭合者可用手将眼睑推下；口腔不能闭合者，可抬起下颌，使之闭合；为老年人穿着整洁，化淡妆，保持自然及美的形象，减少对家属的不良刺激，给其留下美好的回忆。做好尸体护理不仅是对死者人格的尊重，也是对死者家属心灵上的安慰，体现了人道主义精神和崇高的护理职业道德。

第八章 风险防范与应急处理

一、总体要求

（一）树立风险意识

鉴于入住老年人在身体健康水平、心理状态等方面的原因，以及护理服务及管理方面的原因，入住老年人容易发生各种意外，对此，养老机构管理人员和护理人员都要树立风险防范意识。

（二）提前做好预防

1. 针对老年人身体异常的预防措施，包括了解老年人可能罹患的突发疾病、一般症状、紧急救护措施等。

2. 针对老年人心理异常的预防措施，包括了解老年人可能患有的心理问题及精神疾病、一般症状、紧急处置措施等。

3. 针对养老服务如生活照料、医疗康复护理、文化娱乐等过程中，老年人可能出现的突发情况，提前采取预防性措施。

（三）及时处置应对

1. 老年人出现各种突发情况，护理员应首先进行应急处理，同时向医生和上级汇报，并做好相关记录。

2. 需要通知家属子女的，应在第一时间通知到家属子女。

3. 需要请求院外力量支援的，由护理部负责人或养老机构负责人做出决定并组织实施。

（四）及时总结完善

老年人意外情况处置结束、恢复正常服务状态后，养老机构要组织护理部门、护理及相关人员，及时总结意外情况处置工作。要完善意外情况处置工作方案，同时对有关人员的行为进行点评，该表扬的要及时给予表扬，该批评的要有策略性地给予批评。

二、主要意外情况的应急处置

（一）坠床或跌倒

1. 老年人不慎坠床、跌倒，保持不移位，保暖、吸氧、测量血压等基础工作。立即通知医生、向上级领导汇报。

2. 通知家属。

3. 注意意识、血压、肢体活动有无异常。

4. 外伤较重，或有意识不清，或疑有内脏损伤者，与家属沟通立即呼叫120送医。

5. 做好记录（时间、地点、老年人情况和处理经过等）。

（二）骨折

1. 老年人不慎骨折，保持不移位，做好保暖、吸氧、测量血压等基础工作，立即通知医生、向上级领导汇报。

2. 通知家属。

3. 保持原有体位，注意意识、血压、肢体活动有无异常。

4. 疑似骨折或有意识不清，与家属沟通立即呼叫120送医。

5. 做好记录（时间、地点、老年人情况和处理经过等）。

（三）噎食

1. 老人不慎噎食。

（1）老人如清醒，现场护理人员应立即行海姆立克救助法，即：取站立体位身体前倾，护理人员站在老年人背后，两臂绕至老年人腹前抱紧，一手握拳以拇指顶住患者腹部，可略高于脐上、肋缘下，另一手与握拳的手紧握，并以突然的快速向上冲力向老年人腹部加压，可反复多次，甚至异物从喉喷向口腔冲出。

（2）老人如处于昏迷状态，可让老年人仰卧位，头偏向一侧，护理人员以跪姿跨于老年人胯处，以一手置于另一手之上，下面手掌根部放在老年人腹部，以快速向上冲力挤压老年人腹部，同时进行负压吸引。

2. 立即通知医生、向上级领导汇报。

3. 通知家属。

4. 做好记录。

5. 成功抢救后，仍需注意观察有无并发症。

（四）误吸（食）

1. 进食易呛咳的老年人，坐位进食，卧床者抬高床头，侧卧或头侧转进食。

2. 安静，集中注意，小口进食，细嚼慢咽。

3. 喝水、喝汤呛咳重者，可将食物加工成糊状。

4. 观察进食呛咳情况，做好记录。

5. 及时通知医生。

6. 及时通知家属。

7. 做好记录。

（五）烫（冻）伤

1. 老年人不慎烫（冻）伤，立即通知医生，向上级领导汇报并通知家属。

2. 及时去除老年人伤处的衣物，若被粘住不可硬脱，可用剪刀小心剪开，将老年人伤处浸泡在水中。保护创面不被污染。

3. 及时拨打120送医。

4. 做好记录（时间、地点、老年人情况和处理经过等）。

（六）走失

1. 发现老年人走失，向护理部主管或院领导汇报，联系老年人，联系家属。

2. 询问亲朋好友，协助查找，未找到则报警。

3. 妥善保管老年人留下的物品，两人清点、登记。

4. 做好记录。

（七）出现异常精神症状

1. 观察老年人日常言行，及时发现老年人异常精神症状。

2. 向护理部主管及院领导汇报，通知家属，联系就医。

3. 按医嘱治疗，观察病情，预防意外（重者按医嘱协助家属转专科医院治疗）。

4. 做好记录（时间、地点、老年人情况和处理经过等）。

（八）出现自杀倾向

1. 发现老年人有自杀念头，立即向护理部主管及院领导汇报，并通知家属。

2. 协助家属子女对老年人进行心理疏导。

3. 认真查找老人房间内物品或随身物品和药品，分析可能的自杀方式，防范发生极端行为。

4. 协调专业社工或心理咨询师，对老年人进行心理状态评估，初步判定有抑郁症等心理问题者，应及时送至专科医院或科室就医。

5. 对倾向难以纠正、或症状不能缓解、有可能发生极端行为的老年人，应督促子女家属将老年人接回家中照护，或送到专科医疗机构进行住院治疗。

6. 详细交接班，做好相关记录。

（九）突发疾病或病情发生危重变化

1. 发现老年人病情危重，第一时间通知家属，立即拨打 120，给予吸氧，并及时报告护理部主管和主管医生。由医生判断，根据需要进行胸外心脏按压。

2. 做好护理及各种告知记录，并让家属后续签字为证。

3. 家属短时间赶到者，由家属跟随 120 救护车去医院急救；家属暂时无法赶到者，由值班护理人员陪老年人随 120 救护车去医院急救，或听从上级领导安排；就诊资金可由养老机构先行垫付，家属后续补付。

4. 120 救护车赶到现场确认老年人已经死亡，并且家属确认不再送医院者，由家属自行联系殡葬服务；值班护理人员根据家属要求，向家属提供相关殡葬服务电话，由家属自行联系，根据家属要求，可有偿提供穿衣、整容等后续料理服务。

5. 楼层主管指导保洁及时做好房间的最终消毒。

养老机构服务合同

（示范文本）

中华人民共和国民政部
国家工商行政管理总局
制定

2016年11月

说　明

1. 本合同文本为示范文本，由中华人民共和国民政部、中华人民共和国国家工商行政管理总局共同制定。各地可在有关法律法规、规定的范围内，结合实际情况调整合同相应内容。

2. 养老机构应当就合同重大事项对老年人及其家属或其他付款人、保证人、联系人等尽到提示义务。老年人及其家属或其他付款人、保证人、联系人等应当审慎签订合同，在签订本合同前，要仔细阅读合同条款，特别是审阅其中具有选择性、补充性、修改性的内容，注意防范潜在的风险。

3. 本合同文本“□”中选择内容、空格部位填写内容及其他需要删除或添加的内容，双方当事人应当协商确定。“□”中选择内容，以画√方式选定；对于实际情况未发生或双方当事人不做约定时，应当在空格部位打×，以示删除。

4. 在签订本合同时，当事人应根据老年人的民事行为能力、付款义务人、保证人、联系人的不同情况，将“专用条款”增加或替用至“通用条款”中。

5. 养老机构、老年人及其家属或其他付款人、保证人、联系人等可以针对本合同文本中没有约定或者约定不明确的内容，根据养老服务的具体情况在相关条款后的空白行中进行补充约定，也可以另行签订补充协议。

6. 当事人可以根据实际情况决定本合同原件的份数，并在签订合同时认真核对，以确保各份合同内容一致；在任何情况下，当事人都应当至少持有一份合同原件。

目　录

甲方（养老机构）

法定代表人： 职务：

住所： 邮政编码：

联系电话： 电子邮箱：

乙方（入住老年人）

姓名： 性别： 年龄：

居民身份证号码：

家庭住址：

联系电话： 电子邮箱：

乙方意定监护人（属于限制行为能力或者无民事行为能力的入住老年人，须由意定监护人签字确认）

姓名： 与乙方关系：

居民身份证号码：

家庭住址：

联系电话： 电子邮箱：

丙方（丙方作为入住老年人的：

□付款义务人 □连带责任保证人 □联系人 □代理人 □其他）

丙方为个人的：

姓名： 与乙方关系：

居民身份证号码： 联系电话：

经常居住地地址：

通信地址： 邮政编码：

工作单位： 电子邮箱：

丙方为单位的：

单位名称：

法定代表人（或负责人）：

通信地址： 邮政编码：

联系人： 联系电话：

传真号码： 电子邮箱：

通用条款

鉴于：

1. 甲方是依法成立的养老机构，能够提供个人生活照料、康复护理、精神慰藉、文化娱乐等养老服务；

2. 乙方或乙方意定监护人经实地考察甲方，自愿入住甲方（养老机构名称）＿＿＿＿＿＿＿＿，接受甲方提供的专业养老服务，并向甲方支付相应费用；

3. 乙方或乙方意定监护人授权丙方作为乙方在紧急情况下的代理人、联系人，代为处理乙方或乙方意定监护人在本合同项下的相关事务，丙方同意接受乙方或乙方意定监护人授权。

为了营造温馨、舒适、安全的生活环境，满足老年人“老有所养、老有所乐”的需要，切实保障老年人的合法权益，同时明确各自的权利义务，甲、乙、丙三方依据《中华人民共和国合同法》《中华人民共和国老年人权益保障法》《养老机构管理办法》等法律规范，本着诚实信用的原则，经过友好协商，就甲方向乙方提供养老服务事宜，自愿达成以下合同条款，供各方遵照履行。

第一条　服务地点及服务设施

1.1 甲方提供养老服务的地点为：＿＿＿＿＿＿＿＿（写明养老机构的具体门牌号）。

1.2 乙方或乙方意定监护人选择入住的房间类型为（在以下几种情况中选择一种）：

①单间　②双人间　③三人间　④多人间（四人以上，含四人）

⑤其他＿＿＿＿＿＿＿＿。

1.3 乙方或乙方意定监护人选择的具体房间为：＿＿＿＿＿＿＿＿。

乙方或乙方意定监护人基于正当理由要求调整房间的，甲方在条件许可的范围内应尽量满足。涉及房间变化，需要相应调整费用的，还应由各方协商一致书面确认后同时调整，如各方不能达成一致书面确认，则仍依本合同约定房间履行。

1.4 甲方提供的服务设施除了住宿的房屋，还包括房间内设施及公共设施，具体明细见本合同附件《设施设备清单》(略)。

第二条　服务内容

2.1 根据乙方提供的体检报告及甲方对乙方进行护理等级的评价，经甲方与乙方或乙方意定监护人、丙方商定，甲方向乙方提供的护理等级和服务项目详见本合同附件《护理等级与服务项目》(略)。

2.2 在本合同履行过程中，乙方或乙方意定监护人如果选择《护理等级与服务项目》以外的其他服务项目，经甲、乙（乙方意定监护人)、丙三方协商一致后另行签署书面补充协议确定。

2.3 甲方向乙方提供的服务应当符合国家强制性标准，并积极适用行业或地方标准。

第三条　收费标准及费用的支付

3.1 养老服务费用

3.1.1 甲方提供的各种服务项目的收费标准和收费依据应以________方式进行公示，并作为本合同附件。

3.1.2 根据本合同第一条、第二条乙方所选择的房间及服务项目，乙方入住甲方的养老服务费为每月____元，其中包括________________________。

3.1.3 乙方接受甲方除本合同约定外的其他项目服务的，应根据甲方公示的收费标准或者补充合同的约定交纳费用。甲方每月向乙方或乙方意定监护人、丙方提供《个人费用明细表》，乙方或乙方意定监护人、丙方应签字确认。乙方或乙方意定监护人、丙方如有异议，可在收到《个人费用明细表》后7日内书面提出，甲方应做出书面说明。对于双方无争议费用金额应按照本合同约定时间支付，乙方或乙方意定监护人、丙方不得以异议费用拒绝支付其他费用，否则按本合同第9.2.2条约定处理。

3.1.4 乙方或乙方意定监护人支付养老服务费的时间为__________，支付方式为____。

3.1.5 甲方在收到款项后应向付款人开具等额收费凭证。

3.2 押金（合同中有押金约定的适用本条，无押金约定的不适用本条）

3.2.1 本合同签署生效后____日内，乙方或乙方意定监护人应向甲方支付押金，押金金额为：__________。该押金可用于抵扣欠付的养老服务费用、违约金、赔偿金以及出现突发情况救治时需支付给医院的押金及相关费用等。

3.2.2 合同期限内因3.2.1情形出现押金不足时，乙方或乙方意定监护人应在接到甲方通知之日起______日内补足。

3.2.3 押金不计利息 □ 押金计利息 □ 计息标准为：________。

3.2.4 甲方不得将押金挪作他用，在合同到期或合同提前终止、解除时，扣除应结清的相关费用后应于返还乙方或乙方意定监护人。

第四条 合同期限及合同期满的处理

4.1 经协商，确定本合同期限为____年（月），自____年__月__日起，至____年__月__日（该日为合同到期日）止。（建议添加以下内容：其中，__年__月__日至__年__月__日为试住期，试住期为双向选择期。养老机构将在试住期第7~15天内，对乙方进行二次评估和专项评估，并根据评估结果，通知乙方或乙方意定监护人办理相关手续或签订补充协议。）

4.2 合同期满前30日，乙方或乙方意定监护人可申请续签合同，也可由丙方代为申请续签。

4.3 续签的养老服务合同内容应当由甲方、乙方或乙方意定监护人、丙方协商确定。

4.4 如果乙方或乙方意定监护人未在合同期限届满前30日提出续签合同，或者乙方或乙方意定监护人虽在合同期限届满前30日提出续签合同申请，但各方未就合同续签达成一致，乙方应于合同到期日搬离甲方，办理离院手续并结清所有费用。

第五条　甲方的权利、义务

5.1 甲方的权利

5.1.1 按照本合同约定收取相关费用。

5.1.2 制订、修改养老机构的管理制度并按照公示的管理制度对乙方进行管理。

5.1.3 为了乙方的健康和安全，在乙方出现紧急情况时，有权在通知乙方意定监护人或丙方的同时，采取必要的处置措施，包括但不限于转送医疗机构，由此产生的费用由乙方或乙方意定监护人或丙方承担。

5.1.4 有权依照本合同约定及法律规定解除合同。

5.2 甲方的义务

5.2.1 按合同约定向乙方提供符合服务质量标准的养老服务。

5.2.2 按合同约定提供各项服务设施，确保服务场所、设施符合国家强制性标准，并积极适用行业或地方标准。

5.2.3 保证从事医疗、康复、社会工作等服务的专业技术人员持有关部门颁发的专业技术等级证书上岗，保证养老护理人员接受专业技能培训，能够满足岗位职责要求。

5.2.4 在提供服务过程中，尊重乙方，尽力合理地保障乙方的人格尊严和人身、财产安全。

5.2.5 当乙方发生紧急情况时及时通知乙方意定监护人、丙方或者其他紧急情况联系人；在乙方突发危重疾病时，及时通知乙方意定监护人、丙方或者其他紧急情况联系人并转送医疗机构救治；发现老年人为疑似传染病病人或者精神障碍患者时，依照传染病防治、精神卫生等相关法律法规的规定处理。

5.2.6 为乙方组织定期体检，建立个人档案。保存乙方的入住登记表、体检报告等健康资料以及日常经费开支情况等个人信息，建立各类信息资料档案的保管和使用制度，除向乙方、乙方意定监护人、丙方和其他有权部门(公安局、检察院、法院、养老服务行业主管机关因办案、监督、检查需要）提供查阅、允许复制外，不得对外透露。

5.2.7 允许乙方意定监护人、丙方及经乙方许可的亲属和其他人员探视乙方并提供方便，但不得影响甲方对于乙方正常服务或管理，否则甲方有权拒绝。

5.2.8 在解散清算前，依法妥善安置乙方。

5.2.9 接受乙方、乙方意定监护人、丙方的合理建议和监督。

第六条　乙方及乙方意定监护人的权利、义务

6.1 乙方的权利

6.1.1 按照约定的服务项目获得甲方提供的符合服务标准的养老服务。

6.1.2 对甲方的服务有批评建议的权利。

6.1.3 对自身的健康状况、费用支出、入院记录等有知情权，有权查阅、复印甲方为其建立的个人档案。

6.1.4 有权了解提供服务的人员是否经过专业培训，是否具备相应资质，有权要求甲方更换未经专业培训或不具备相应资质或提供服务不合格的人员。

6.1.5 享有隐私权，人格尊严和人身、财产安全不受非法侵害。

6.1.6 在突发急病的情况下有权获得及时、必要的医疗帮助。

6.2 乙方意定监护人的权利

6.2.1 对甲方的服务有批评建议的权利。

6.2.2 对乙方的健康状况、费用支出、入院记录等有知情权，有权查阅、复印甲方为乙方建立的个人档案。

6.2.3 有权了解提供服务的人员是否经过专业培训，是否具备相应资质，有权要求甲方更换未经专业培训或不具备相应资质或提供服务不合格的人员。

6.2.4 对乙方有探视权，但不得影响甲方对于乙方正常服务或管理。

6.2.5 遇紧急情况，包括但不限于乙方走失、身体健康状况出现紧急情况时，有权及时从甲方得到相关信息。

6.3 乙方的义务

6.3.1 如实告知甲方本人的健康状况、药品使用情况等信息，并如实填写《健康状况自我陈述书》。

6.3.2 配合甲方做好持续评估，确认照护等级；配合甲方定期参加体检。

6.3.3 配合甲方管理，并遵守甲方的管理制度，爱护甲方提供的各项服务设施。

6.3.4 与其他入住老年人和谐相处。

6.3.5 在接收甲方提供的养老服务期间，因疾病出现诊疗情形，应在治疗期间遵守医嘱，配合治疗。

6.3.6 按照约定自行或与丙方共同支付养老服务费及相关费用。

6.3.7 入住期间损坏甲方设施设备的，应当按照《设施设备清单》上标明的价格赔偿甲方损失。

6.3.8 配合甲方提供的符合合同约定、法律规定的养老服务。

6.4 乙方意定监护人的义务

6.4.1 入住前要如实向甲方反映乙方的情况，如脾气秉性、家庭成员、既往病史、健康状况和药品使用情况等，协助乙方如实填写《健康状况自我陈述书》。

6.4.2 劝导乙方入住后要自觉遵守养老机构的规章制度，接受管理，爱护甲方提供的各项服务设施。

6.4.3 劝导乙方与其他入住老年人和谐相处。

6.4.4 劝导乙方在接收甲方提供的养老服务期间，因疾病出现诊疗情形，应在治疗期间遵守医嘱，配合治疗。

6.4.5 按照约定自行或与丙方共同支付养老服务费及相关费用。

6.4.6 经常与乙方沟通，保持联络，满足乙方的精神需求。

6.4.7 及时协助甲方处理乙方出现的紧急情况。

6.4.8 家庭及单位地址、联系方式变更时，应及时通知甲方。

6.4.9 对乙方造成甲方或第三方人身和财产损失承担赔偿责任。

6.4.10 乙方在养老机构去世的，应及时进行善后处理并支付相关费用。

第七条　丙方的权利、义务

7.1 丙方的权利

7.1.1 对乙方的身体健康状况、享受服务情况等有知情权。

7.1.2 有权查阅、复制乙方在甲方的档案资料。

7.1.3 遇本合同约定的紧急情况，有权及时从甲方得到相关信息。

7.1.4 对乙方有探视权，但不得影响甲方对于乙方正常服务或管理。

7.1.5 在本合同约定的紧急情况下有权代理乙方处理相关事宜。

7.2 丙方的义务

7.2.1 经常与乙方沟通，保持联络，满足乙方的精神需求。

7.2.2 家庭或者单位地址、联系方式变更时，应及时通知甲方。

7.2.3 及时协助甲方处理乙方出现的紧急情况。

第八条　陈述与保证

8.1 甲方保证为依照法律、行政法规设立并依法登记的养老机构，具有提供本合同约定的养老服务的资格和能力。

8.2 乙方或乙方意定监护人保证乙方不属于患有精神病、甲类或乙类传染性疾病等不符合入住养老机构疾病的老年人。

8.3 乙方或乙方意定监护人、丙方保证向甲方提供乙方在本协议签署前一个月内在甲方所在地二级甲等以上医院进行体检的体检报告（体检项目包括：身体和精神健康状况、传染性疾病及养老机构要求的其他体检项目等）（作为本合同附件）。

8.4 乙方或乙方意定监护人、丙方保证向甲方提供的乙、丙方共同签字的《健康状况自我陈述书》（作为本合同附件）是真实的，没有任何虚假或隐瞒。

第九条 合同的变更和解除

9.1 合同的变更

9.1.1 根据乙方健康状况的变化，甲方可以提出变更服务方案，并以书面形式通知乙方或乙方意定监护人及丙方，经甲、乙或乙方意定监护人、丙三方协商一致，签署补充协议。

乙方或乙方意定监护人、丙方收到甲方变更服务方案的书面通知后____日内既不确认又不提出异议，但乙方实际接受甲方提供的相应服务的，视为甲、乙或乙方意定监护人、丙三方就合同约定的服务项目的变更达成了一致，乙方或乙方意定监护人有义务按照新的服务项目支付相应的服务费用。

如果根据乙方健康状况的变化，不调整服务项目将导致乙方的健康安全无法保障的，甲方提出变更的服务方案后，乙方或乙方意定监护人既不同意，也不接受实际服务，甲方和乙方或乙方意定监护人均有权解除本合同。

9.1.2 当与甲方日常管理、服务直接相关的物价指数变动幅度超过10%时，甲方有权适当调整收费标准，并将价格调整的通知在调价前30日内以书面形式通知乙方或乙方意定监护人及丙方。

乙方或乙方意定监护人对价格调整有异议的，可在收到通知后15日内以书面形式提出解除合同；乙方或乙方意定监护人虽有异议但要求继续按照原收费标准履行合同的，甲方有权提出解除合同。

乙方或乙方意定监护人收到通知后15日内不以书面形式提出异议，但拒绝根据调整后的价格支付相关费用的，甲方有权解除合同并按照原收费标准收取已提供服务的费用。

9.2 合同的解除

9.2.1 除本合同另有约定外，下列情况下，乙方或乙方意定监护人可以单方解除本合同，并无需承担违约责任：

（1）甲方提供的服务不符合合同约定，经乙方或乙方意定监护人提出，____日内不改正的。

（2）因甲方或甲方工作人员的严重过错造成乙方人身或重大财产损害的。

（3）乙方因疾病或其他个人原因离院的，但乙方或乙方意定监护人不提出解除本合同而要求保留床位或房间的除外。

（4）乙方首次入住______日内不适应居住环境或管理方式的。

（5）本合同履行过程中，乙方或乙方意定监护人提前30日书面通知甲方并结清服务费用的。

9.2.2 除本合同另有约定外，下列情况下，甲方可以单方解除本合同，并无需承担违约责任：

（1）付款人无故拖欠各项费用超过____日，经甲方催告后______日内仍不交纳的，甲方有权解除合同，书面通知乙方搬出养老机构。乙方或乙方意定监护人在甲方发出书面解除合同通知后____日内仍不搬出的，甲方有权提起诉讼，请求法院确认合同解除。付款人除应支付拖欠的服务费用、诉讼期间的养老服务费用以外，还应每逾期一天按逾期支付费用金额万分之______向甲方支付违约金。

（2）乙方严重违反甲方的规章制度，造成甲方难以履行对乙方的养老服务，或造成其他入住老年人伤害或现实性伤害危险的。

（3）乙方或乙方意定监护人隐瞒重要乙方健康状况、患有须隔离治疗的传染性疾病或者患有精神疾病等其他不适宜在机构内集中生活的。

（4）发生不可抗力致甲方不能履行合同的。

（5）甲方因丧失养老机构执业资格等原因暂停、终止服务的。甲方应当于暂停或者终止服务60日前向实施许可的民政部门提交老年人安置方案，经批准后方可解除养老机构服务合同。

（6）乙方连续请假外出超过______天（不得少于30天）。

第十条　特别约定

10.1 突发疾病或出现事故等紧急情况的处理

10.1.1 乙方在入住期间突发疾病或身体伤害事故，甲方应及时通知乙方意定监护人、丙方，及时联系120等医疗急救机构；如需到医疗机构急救，甲方应派人陪送至医疗机构。甲方不能及时联系上乙方意定监护人、丙方的，应尽早与本合同附件确定的其他联系人取得联系，通报情况。

甲方具有医疗资质的，在乙方生命垂危等紧急情况下应尽到合理诊疗义务，费用由乙方或乙方意定监护人、丙方承担。

10.1.2 因乙方发生紧急情况产生的费用急救费用、治疗费用、住院押金等均由乙方或乙方意定监护人负担。甲方因此垫付费用的，乙方或乙方意定监护人应及时清偿。

10.2 乙方去世的善后服务及相关费用

乙方在甲方服务期间去世的，甲方应及时与乙方意定监护人或丙方取得联系，乙方意定监护人或丙方负责善后处理并承担相关费用。无法与乙方意定监护人或丙方取得联系的，应及时联系殡仪馆，妥善保存遗体，发生的费用由乙方意定监护人或丙方承担。

10.3 甲方与乙方意定监护人或丙方联系中断

因乙方意定监护人或丙方提供的联系地址、方式不准确或不详细或变更后未及时通知甲方，或其他客观原因致使甲方无法与乙方意定监护人或丙方及时联系，连续达一个月则视为联系中断。甲方与乙方或乙方意定监护人协商后，可以重新确定联系人。

10.4 非因甲方原因造成乙方人身、财产损害的，甲方不承担责任。

10.5 乙方具有完全民事行为能力，但拒绝接受甲方提供服务，造成其自身人身、财产损害的，由乙方自行承担后果。

10.6 本合同关于乙方、乙方意定监护人或丙方权利义务的约定，并不免除对乙方有法定赡养义务的其他人的法定责任。

10.7 因不可抗力导致本合同无法继续履行的，受到不可抗力影响的一方应在不可抗力情形发生后及时通知合同其他相关方，本合同可依法解除，合同各方不承担解除合同的责任。乙方意定监护人或丙方应及时接回并妥善安置乙方。

甲方应提示乙方、乙方意定监护人或丙方重点注意上述特别约定内容，按照乙方、乙方意定监护人或丙方的要求，对上述特别约定内容进行说明，并请乙方、乙方意定监护人或丙方签字确认：

以上特别约定内容，在甲方提示下，乙方、乙方意定监护人或丙方均已认真阅读，充分知晓与了解。特此签名确认：____________________。

第十一条　违约责任

11.1 因甲方及其工作人员的过错，损害乙方人身或财产权利的，由甲方承担赔偿责任。

11.2 甲方服务人员资质不合格、没有按约定提供服务或者提供的服务不合格，甲方应承担的违约责任为：__________________。由此造成乙方人身或财产损失的，甲方还应承担赔偿责任。

11.3 甲方或其工作人员侵犯乙方、乙方意定监护人及丙方对甲方提供的养老服务的知情权的，乙方、乙方意定监护人和丙方有权要求甲方改正，造成损失的甲方应承担赔偿责任。

11.4 本合同因__________项解除的，甲方应向乙方或乙方意定监护人支付违约金____元。

11.5 本合同因__________项解除的，乙方或乙方意定监护人应向甲方支付违约金____元。

11.6 因乙方原因造成甲方或第三人人身或财产损失的，乙方、乙方意定监护人应承担赔偿责任。

11.7 因乙方原因造成其自身损害的，由乙方、乙方意定监护人自行承担全部后果和责任。

第十二条　纠纷的解决方式及管辖

与本合同有关的或者因本合同引发的纠纷应尽量协商解决，协商解决不成的，应向甲方住所地人民法院提起诉讼解决。

第十三条　通知与送达

13.1 在本合同首页中所标明的甲方、乙方、乙方意定监护人和丙方的地址和联系方式为各方各自有效的通信地址和联系方式。一方变更通信地址和联络方式应及时通知其他各方。

13.2 以下情形，视为送达，但受送达人有证据证明其因客观原因未实际接收到通知的除外：

13.2.1 以特快专递形式发送的，已经签收的，以签收日为送达日；未签收的，同城自发送之日起2日视为文件已经送达，异地5日视为送达，境外15日视为送达。

13.2.2 手机短信发送的，发出之时即视为送达。

13.2.3 电子邮件自发出进入收件方邮箱服务器视为送达。

13.2.4 传真发送自发出对方传真机接收视为送达。

13.3 因受送达人通信地址或其他相关信息错误、不详或发生变更未及时通知其他各方造成无法送达的，由受送达人自行承担相关后果。

13.4 乙方入住甲方期间，有关本合同的履行事宜甲方应以书面或数据电文形式通知乙方或乙方意定监护人、丙方，由乙方或乙方意定监护人、丙方确认签收；乙方或乙方意定监护人、丙方拒签的，书面通知在第三方见证下送至收件人地址的视为已通知或已送达，数据电文进入收件人接收系统的视为已通知或已送达。

第十四条　当事人协商一致的其他内容

____

____

____

____

____

（约定内容可以另行附页）

第十五条　合同生效及附件

15.1 本合同一式____份，甲、乙或乙方意定监护人、丙方各执一份，自各方签字或盖章之日生效。

15.2 下列文件为本合同附件：

（1）加盖甲方公章的甲方合法注册登记文件复印件。

（2）乙方、乙方意定监护人、丙方（个人）身份证及户口本复印件，丙方（单位）加盖公章的丙方合法注册登记文件复印件及联系人信息。

（3）二级甲等以上医院出具的体检报告（体检时间在一个月以内）。

（4）乙方、乙方意定监护人及丙方签章的乙方《健康状况自我陈述书》及《入住登记表》。

（5）甲方出具的、经乙方、乙方意定监护人、丙方签章认可的《老年人能力评估报告》。

（6）房间、设备物品表。

（7）公共设施、设备表。

（8）甲方与乙方、乙方意定监护人、丙方同时签署的《试住期养老服务计划》。

（9）甲方提供养老服务的各种服务项目的收费标准表。

（10）经乙方或乙方意定监护人签署的《＿＿＿＿＿＿＿＿养老机构入住须知》。

（11）经乙方或乙方意定监护人签署的《入住养老机构潜在意外风险告知书》。

（12）经乙方或乙方意定监护人签署的《保护性约束知情同意书》。

（12）甲方制定并公示的规章制度：＿＿＿＿＿＿＿＿＿＿＿＿＿＿＿＿。

（13）其他联系人表。

（14）其他附件：＿＿＿＿＿＿＿＿＿＿＿＿。

15.3 本合同附件系本合同组成部分，与合同具有同等法律效力。

甲方：（公章）

法定代表人或授权代表（签字）：

日期：

乙方（签字、盖章、按手印）：

日期：

乙方意定监护人（签字、盖章、按手印）：

日期：

丙方（签字、盖章）：

签署日期：　　　　　　　　　　签署地点：

专用条款

丙方为付款义务人的，应增加或替用以下专用条款：

3.1.4 乙方（乙方意定监护人）和丙方支付养老服务费的时间为__________，支付方式为______________________________。

3.2.1 本合同签署生效后____日内，乙方（乙方意定监护人）和丙方应向甲方支付押金，押金金额为：________。该押金可用于抵扣欠付的养老服务费用、违约金、赔偿金以及出现突发情况救治时需支付给医院的押金及相关费用等。

3.2.2 合同期限内因 3.2.1 情形出现押金不足时，乙方（乙方意定监护人）和丙方应在接到甲方通知之日起______日内补足。

3.2.4 甲方不得将押金挪作他用，在合同到期或合同提前终止时，扣除应结清的相关费用后应于合同终止时退还乙方（乙方意定监护人）和丙方。

7.2.4 及时向甲方支付本合同项下的款项。

7.2.5 本合同有效期内乙方去世的，及时进行善后处理并支付全部费用。

8.5 丙方保证对本合同项下款项承担支付责任。

9.1 合同的变更

9.1.1 根据乙方健康状况的变化，甲方可以提出变更服务方案，并以书面形式通知乙方（乙方意定监护人）和丙方，经甲、乙方（乙方意定监护人）和丙方三方协商一致，签署补充协议。

乙方（乙方意定监护人）和丙方收到甲方变更服务方案的书面通知后____日内既不确认又不提出异议，但乙方实际接受甲方提供的相应服务的，视为甲、乙方（乙方意定监护人）和丙方三方就合同约定的服务项目的变更达成了一致，乙方（乙方意定监护人）和丙方有义务按照新的服务项目支付相应的服务费用。

如果根据乙方健康状况的变化，不调整服务项目将导致乙方的健康安全无法保障的，甲方提出变更的服务方案后，乙方（乙方意定监护人）和丙方既不同意，也不接受实际服务，甲方与乙方（乙方意定监护人）和丙方均有权解除本合同。

9.1.2 当与甲方日常管理、服务直接相关的物价指数变动幅度超过10%时，甲方有权适当调整收费标准，并将价格调整的通知在调价前30日以书面形式通知乙方（乙方意定监护人）和丙方。

乙方（乙方意定监护人）和丙方对价格调整有异议的，可在收到通知后15日内以书面形式提出解除合同；乙方（乙方意定监护人）和丙方虽有异议但要求继续按照原收费标准履行合同的，甲方有权提出解除合同。

乙方（乙方意定监护人）和丙方收到通知后15日内不以书面形式提出异议，但拒绝根据调整后的价格支付相关费用的，甲方有权解除合同并按照原收费标准收取已提供服务的费用。

9.2.1 除本合同另有约定外，下列情况下，乙方（乙方意定监护人）和丙方可以单方解除本合同，并无需承担违约责任：

（1）甲方提供的服务不符合合同约定，经乙方（乙方意定监护人）和丙方提出，____日内不改正的。

（2）因甲方或甲方工作人员的严重过错造成乙方人身、财产损害的。

（3）乙方因疾病或其他个人原因离院的，但乙方（乙方意定监护人）和丙方不提出解除本合同而要求保留床位或房间的除外。

（4）乙方首次入住____日内不适应居住环境或管理方式的。

（5）本合同履行过程中，乙方（乙方意定监护人）和丙方提前30日书面通知甲方并结清服务费用的。

10.1.2 因乙方发生紧急情况产生的费用急救费用、治疗费用、住院押金等均由乙方（乙方意定监护人）和丙方负担。甲方因此垫付费用的，乙方（乙方意定监护人）和丙方应及时清偿。

11.5 本合同因________项解除的，乙方（乙方意定监护人）和丙方应支付违约金______元。

11.6 因乙方原因造成甲方或第三人人身或财产损失的，乙方（乙方意定监护人）和丙方应承担赔偿责任。

11.7 因乙方原因造成自身损害的，由乙方（乙方意定监护人）和丙方自行承担全部后果和责任。

丙方为连带责任保证人的，应增加或替用以下专用条款：

7.2.4 乙方或乙方意定监护人未按照本合同及时支付款项的，自应付而未付之日起____日内代乙方或乙方意定监护人向甲方支付。

7.2.5 本合同有效期内乙方去世的，及时进行善后处理并支付相关费用。

8.5 丙方保证系具有提供保证担保的民事行为能力之人，自愿就乙方或乙方意定监护人履行本合同发生的全部债务承担连带保证责任。

8.6 丙方为乙方或乙方意定监护人提供保证的期限为________。

9.2.3 甲方、乙方或乙方意定监护人单独解除合同或者甲方、乙方或乙方意定监护人双方协商解除合同的，甲乙双方均应当及时通知丙方。

10.1.2 因乙方发生紧急情况产生的费用，包括急救费用、治疗费用、住院押金等均由乙方（乙方意定监护人）和丙方负担。甲方因此垫付费用的，乙方（乙方意定监护人）和丙方应及时清偿。

10.3 甲方与乙方意定监护人或丙方联系中断

因乙方意定监护人或丙方提供的联系地址、方式不准确或不详细或变更后未及时通知甲方，或其他客观原因致使甲方无法与乙方意定监护人或丙方及时联系，此种情况连续达一个月则视为联系中断。甲方与乙方或乙方意定监护人协商后，可以重新确定联系人。联系中断不免除丙方的保证责任。

11.8 甲方有权选择起诉乙方（乙方意定监护人）和丙方各方或任意一方。

丙方为合同履行联系人的，应增加或替用以下专用条款：

8.5 丙方保证担任本合同履行过程的联系人，接收甲方的通知。

9.2.3 甲方、乙方或乙方意定监护人单独解除合同或者甲乙或乙方意定监护人双方协商解除合同的，甲方均应当及时通知丙方。

10.3 甲方与乙方意定监护人或丙方联系中断

因乙方意定监护人或丙方提供的联系地址、方式不准确或不详细或变更后未及时通知甲方，或其他客观原因致使甲方无法与乙方意定监护人或丙方及时联系，此种情况连续达一个月则视为联系中断。甲方与乙方或乙方意定监护人协商后，可以重新确定新的联系人担任丙方。

参考资料

一、法律

1. 中华人民共和国社会保险法（2018 年修正）

2. 中华人民共和国劳动法（2018 年修正）

3. 中华人民共和国劳动合同法（2012 年修正）

4. 中华人民共和国食品安全法（2018 年修正）

5. 中华人民共和国消防法（2019 年修正）

二、标准规范

6.《室内空气质量标准》（GB/T 18883—2002）

7.《老年人居住建筑设计标准》（GB/T 50340—2003）

8.《声环境质量标准》（GB 3096—2008）

9.《无障碍设计规范》（GB 50763—2012）

10.《养老机构安全管理》（MZ/T 032—2012）

11.《养老设施建筑设计规范》（GB 50867—2013）

12.《老年人能力评估》（MZ/T 039—2013）

13.《建筑设计防火规范》（GB 50016—2014）（局部修订条文 2018 年版）

14.《养老机构服务质量基本规范》（GB/T 35796—2017）

15.《养老机构等级划分与评定》（GB/T 37276—2018）

三、政府文件

16. 财政部，关于印发《民间非营利组织会计制度》的通知（财会〔2004〕7号），2004年8月18日。

17. 民政部、公安部、国家卫生计生委、质检总局、国家标准委、全国老龄办，关于开展养老院服务质量建设专项行动的通知（民发〔2017〕51号），2017年3月22日。

18. 民政部、国家标准委，关于印发《养老服务标准体系建设指南》的通知（民发〔2017〕145号），2017年8月24日。

19. 民政部、公安部、国家卫生计生委、质检总局、食品药品监管总局、国家认监委、国家标准委、全国老龄办，关于做好2018年养老院服务质量建设专项行动的通知（民发〔2018〕40号），2018年3月21日。

20. 国务院办公厅，关于推进养老服务发展的意见（国办发〔2019〕5号），2019年3月29日。

21. 民政部、国家卫生健康委、应急管理部、市场监管总局，关于做好2019年养老院服务质量建设专项行动工作的通知（民发〔2019〕52号），2019年5月13日。

四、图书

22. 董红亚. 养老机构的建设和管理［M］. 北京：中国社会出版社，2015.

23. 贾素平. 养老机构管理与运营实务（第2版）［M］. 天津：南开大学出版社，2014.

24. 江苏民康老年服务中心. 养老机构服务与管理实务［M］. 南京：东南大学出版社，2017.

25. 江苏省红十字会. 养老照护100问［M］. 南京：东南大学出版社，2018.

26. 江西省红十字会. 老年介护培训读本［M］. 南昌：江西科学技术出版

社，2018.

27. 赵学慧. 老年社会工作理论与实务［M］. 北京：北京大学出版社，2013.

28. 高焕民，李丽梅. 老年心理学（第2版）［M］. 北京：科学技术文献出版社，2017.

29. 江丹. 养老护理管理手册［M］. 北京：中国社会出版社，2014.

30. 江丹. 养老护理技术指导［M］. 北京：中国社会出版社，2014.

31. 江丹. 养老护理基础知识［M］. 北京：中国社会出版社，2014.

32. 中国红十字会总会事业发展中心. 曜阳养老人文关怀的探索与实践总论［M］. 北京：经济科学出版社，2018.

33. 陈雪萍，徐红岗等. 老年志愿服务手册［M］. 杭州：浙江大学出版社，2016.

34. 李胜利. 言语治疗学（第二版）［M］. 北京：华夏出版社，2014.

35. 桑得春，贾子善. 老年康复学［M］. 北京：北京科学技术出版社，2016.

36. 张琦. 临床运动疗法学（第二版）［M］. 北京：华夏出版社，2014.

37. 陈立典. 传统康复方法学［M］. 北京：人民卫生出版社，2018.

38. 郑彩娥，李秀云. 实用康复护理学（第二版）［M］. 北京：人民卫生出版社，2018.

后　　记

梳理现阶段广大养老机构在建设、管理和服务方面必须遵循的最基本和最起码的要求，形成“曜阳养老机构标准”，进而编撰“曜阳养老机构指导丛书”，是中国红十字会总会事业发展中心为所联系的广大养老机构提供的支持性服务之一。

非常高兴的是，在中国社会保障学会的大力支持下，经过半年多的努力，标准规范的梳理工作基本完成，“曜阳养老机构标准”已见雏形，“曜阳养老机构指导丛书”得以顺利付梓。

标准的梳理和丛书的编写工作，是在事业发展中心主任江丹同志和学会会长、中国人民大学教授郑功成老师的共同领导下完成的。其间，江丹主任与郑功成教授多次沟通，共同规划目标任务、实现途径、预期成果、后续安排等重要工作。郑功成教授利用周末时间，带领编委会全体成员，认真梳理国家标准规范、逐一确定丛书各分册的提纲目录和主要内容，保证了指导丛书的科学性和严谨性。丛书编委会各位成员按照分工，分别负责各分册的编写工作。

第一分册《曜阳养老机构建设与管理指南》，由郭林总负责，郭林、任娜、蔡泽昊、魏国等共同编写。其中，郭林编写第六、九章，任娜编写第二、三、四、五章，蔡泽昊编写第七、八、十、十一章，魏国编写第一章、第七章的“志愿者管理”部分、第十章的“突发事件应急预案”部分。

第二分册《曜阳养老机构服务规范》，由魏国总负责，魏国、孟庆莲、曲夕彦、李彤、亓文等共同编写。其中，孟庆莲、曲夕彦共同编写第一章、第二章、第三章和第四章，魏国、亓文共同编写第五章、第六章和第八章，李彤编写第七章。

第三分册《曜阳养老机构员工手册》，由石琤总负责，石琤和魏国共同编写。其中，石琤编写第二部分大部、第三部分全部，魏国编写第一部分和第二部分第二章。

丛书彩页部分，由亓文负责图片整理和文字内容。

丛书三个分册，由北京大学护理学院谢红副教授做总体修改、魏国做最后统稿。

在丛书编写过程中，中共中央党校青连斌教授给予了专业指导和帮助，首都医科大学附属北京康复医院康复诊疗中心主任郄淑燕副教授指导撰写了康复服务部分，北京市朝阳区第二福利院王淑一副主任参与撰写了心理健康服务部分。北京市海淀区曜阳养老服务中心主任郝圆媛，杭州富春江曜阳国际老年公寓常务副院长胡楠、护理部主任杨锋，扬州曜阳国际老年公寓护理部主任赵欢欢，邯郸市曜阳养老服务中心副主任赵翠霞、护理部主任于丽娜等提出了修改完善的意见。在此，对各位专家学者和养老同行的支持表示衷心的感谢!

中国劳动社会保障出版社对丛书的出版给予了大力的支持，社会保障编辑室副主任张红兵同志带领相关专业人员为丛书的出版付出了大量不为人知的努力，在此，一并表示衷心的感谢!

由于我们的水平有限，书中难免存在错误之处，敬请各位专家学者、养老服务同行、广大读者朋友提出宝贵的批评和建议。

编　者

2019 年 9 月于北京